Paul JUILLERAT

L'HYGIÈNE URBAINE :

ÉDITIONS ERNEST LEROUX

28, RUE BONAPARTE 28. — PARIS

COLLECTION « URBANISME »
SÉRIE D

L'HYGIÈNE URBAINE

PAR

Paul JUILLERAT

Membre du Conseil d'hygiène publique et de Salubrité de la Seine
Ancien chef du bureau administratif
Des Services d'hygiène de la Ville de Paris
Lauréat de l'Institut

ÉDITIONS ERNEST LEROUX
28, RUE BONAPARTE, PARIS (VIᵉ)
—
1921

L'HYGIÈNE URBAINE

CHAPITRE I

L'Hygiène urbaine

Conditions de l'existence dans les villes. — Rôle de l'hygiène urbaine. — Application des lois de l'hygiène urbaine. — Conditions de bon fonctionnement de l'organisme humain.

Conditions de l'existence dans les villes. L'hygiène urbaine est une science relativement nouvelle. Elle n'a guère commencé à formuler des lois positives qu'au milieu du 19ᵉ siècle, et depuis cette époque n'a fait que progresser pour aboutir enfin aujourd'hui à un véritable code basé sur des données scientifiques certaines et que l'avenir ne semble guère devoir modifier.

Dans la vie naturelle, celle dont se rapprochent encore aujourd'hui les habitants de nos campagnes, les groupes familiaux sont dispersés, les habitations sont isolées les unes des autres, l'action, souvent nocive, des êtres humains les uns sur les autres est réduite au minimum.

En effet, l'air circule incessamment, emportant au loin les miasmes morbides et amenant sans interruption de l'air pur aux poumons de l'habitant. Le soleil peut sans obstacles jouer son rôle bienfaisant d'assainissement et détruire la plupart des microbes dangereux qui peuvent être déposés dans le voisinage de l'homme.

La vie dispersée, d'autre part, rend difficile les contacts interhumains et par suite les maladies contagieuses peuvent difficilement se propager.

Il n'en est plus de même dans les villes. Là les maisons sont pressées les unes contre les autres; les habitants entassés dans des logis étroits ne respirent qu'un air souvent vicié; la décomposition de tous les déchets de la vie organique répand sans cesse dans l'atmosphère des gaz et des produits volatils délétères dont l'action sur les organismes humains est souvent dangereuse, toujours nuisible. Enfin le soleil, l'assainisseur par excellence, ne peut agir qu'exceptionnellement, dans des rues étroites, bordées de maisons élevées de plusieurs étages, dans des cours minuscules qui constituent de véritables puits, insuffisants pour assurer aux chambres qu'ils desservent l'air et la lumière indispensables aux habitants. Enfin, la promiscuité constante dans laquelle vivent la plupart du temps les habitants des villes, permet la propagation rapide des maladies contagieuses.

L'industrie qui, dans les sociétés modernes, a pris une importance prépondérante vient encore ajouter ses dangers à ceux que présente déjà la vie agglomérée des citoyens. Les ateliers, les usines, par les fumées, les odeurs qu'ils déversent dans l'atmosphère contribuent dans une large mesure à la viciation de l'air; par les conditions de milieu souvent défectueuses dans lesquelles ils placent l'homme qui travaille, ils peuvent altérer sa santé.

Enfin la population des villes tire sa subsistance du dehors. Les aliments lui viennent de campagnes souvent lointaines. Il faut des moyens de transport rapides pour les amener et les distribuer dans tous les quartiers de la cité; les denrées alimentaires doivent, en partie, être entreposées en quantité souvent importantes, et l'on comprend qu'elles soient sans cesse exposées à des souillures de toute sorte et menacées d'une altération rapide qui peuvent avoir pour les consommateurs les plus redoutables conséquences.

Entre les diverses parties de la ville, surtout de la grande ville, le mouvement des marchandises et des êtres humains est incessant et avec l'existence fiévreuse d'aujourd'hui, doit être assuré par des moyens de transport rapides. Les organes de transport en commun se multiplient sans cesse et, s'ils sont mal conçus et mal entretenus, peuvent avoir également sur la santé des habitants une action nuisible.

Rôle de l'hygiène urbaine. Le domaine de l'hygiène urbaine est donc des plus vastes.

Il comprend en effet les mesures à prendre pour assurer à tous les habitants un air pur incessamment renouvelé, dans la rue, dans la maison, dans l'atelier; celles destinées à permettre partout, dans les rues dans les logis les plus modestes, l'accès de la lumière solaire.

Il embrasse toutes les mesures, nécessaires à assurer l'alimentation saine de la population : aménagement et entretien des abattoirs, marchés, entrepôts, ainsi que des établissements de toute nature où se manipulent, se préparent et se débitent les denrées alimentaires.

Il comporte également tout ce qui tend à rendre l'installation et le fonctionnement des usines, inoffensifs pour ceux qui y travaillent et pour la population de la ville entière.

A lui encore ressortit tout ce qui peut assurer à la population et aux denrées de toute nature des transports rapides dans toutes les parties de l'agglomération, et les précautions multiples à prendre pour que ces transports s'effectuent sans danger pour les habitants.

Il s'étend enfin sur tous les organismes que rendent indispensables les nécessités de la vie en commun, la bonne installation et la bonne tenue des écoles, des hôpitaux et hospices, des théâtres et autres lieux de réunion, ainsi que les mesures à prendre pour empêcher la propagation des maladies contagieuses : la vaccination, la désinfection, le transport des malades, la surveillance de l'eau potable et de la qualité des denrées alimentaires.

Ce domaine est immense. Il demanderait pour être traité en détail des volumes et met à contribution à peu près toutes les sciences.

Aussi nous n'avons pas la prétention de présenter dans ce petit livre autre chose que les données essentielles, une synthèse des acquisitions de la science moderne en matière d'hygiène urbaine, en un mot les lois générales qui doivent guider l'urbaniste dans l'aménagement rationnel de la cité idéale telle que la science moderne la conçoit.

Application des lois de l'hygiène urbaine. On nous reprochera peut-être de formuler des prescriptions purement idéales, de ne pas tenir compte de ce qui existe et des contingences multiples et souvent impérieuses que doivent envisager ceux qui ont la charge d'assurer la salubrité des cités.

Nous ne croyons pas que ce reproche soit réellement fondé. Il est bien certain que, la plupart du temps, les administrations responsables se trouvent en présence d'une situation de fait, créée par la lente action des siècles et qui, le plus souvent, est loin de répondre aux lois scientifiques de l'hygiène.

Pour remettre tout à sa place, il faudrait, en quelque sorte, faire table rase de ce qui existe et reconstruire de fond en comble.

Cela est évidemment impossible à réaliser et nous n'avons jamais eu la pensée qu'il pût en être ainsi.

Mais dans toutes les cités, il se fait incessamment un travail de rénovation partiel, qui à la longue, finit par transformer complètement l'économie et la distribution même de la ville.

Des opérations de voirie, nécessitées le plus souvent par des besoins nouveaux de la circulation, des installations de nouvelles usines ou des déplacements d'usines anciennes, la démolition de vieux immeubles et leur remplacement par des immeubles nouveau style, enfin l'extension des cités au-delà de leurs limites actuelles quand la population surabondante ne trouve plus à s'y loger, tous ces incidents de la vie des villes ne doivent pas pouvoir s'accomplir au petit bonheur, au hasard des circonstances, sans que l'on ait tenu compte des répercussions qu'elles peuvent avoir sur la salubrité future de la cité.

La connaissance des lois imprescriptibles de l'hygiène urbaine, qui ne sont, en somme, que la reconnaissance des lois fondamentales du bon fonctionnement de l'organisme humain, permettra de régler et de diriger toutes ces opérations dans le sens le plus favorable au bien-être des habitants et à la protection de leur santé et de leur existence.

Mais, en outre, à l'époque présente, la connaissance de ces lois d'hygiène est loin de n'avoir qu'une valeur spéculative.

Tout le nord et l'est de la France ont vu, pendant cinq ans, passer sur leur territoire un ouragan de fer et de feu qui a rasé et pulvérisé la plupart de leurs villes ét de leurs villages. Un peuple de bêtes féroces, déchaîné sur notre patrie, y a renouvelé les exploits des Huns d'Attila et des Mongols de Tamerlan que l'on était arrivé à considérer comme des légendes.

Il va falloir reconstruire de toutes pièces ces villes et ces villages, et il semble bien que personne ne puisse avoir la pensée de les reconstruire telles qu'elles étaient, avec leurs tares hygiéniques, résultat de l'ignorance des âges écoulés. Là, dans ces reconstructions d'ensemble, trouveront leur application intégrale les lois de l'hygiène urbaine, et ceux qui auront le redoutable honneur de présider à ces opérations seraient impardonnables de retomber dans les erreurs du passé. Pour eux l'application des lois de l'hygiène urbaine doit être une obligation impérieuse. Toute défaillance ici, serait véritablement criminelle. Les lois de l'hygiène urbaine n'ont plus ici rien d'idéal, rien de spéculatif. Elles deviennent au contraire un guide sûr, éminemment pratique, qu'aucun obstacle véritable ne saurait empêcher de suivre pas à pas. En résumé la ville est une agglomération d'édifices groupés sur un espace restreint et mis en relation entre eux et avec le reste du pays par les rues.

L'hygiène urbaine doit donc tout d'abord s'occuper d'assurer la salubrité de la rue et celle des édifices, que ces derniers soient consacrées à l'habitation proprement dite ou à des usages collectifs divers, travail, instruction des enfants ou des adultes, traitement des malades, plaisirs et distractions des citoyens.

La préoccupation primordiale que doit avoir l'urbaniste qui étudie la création ou la reconstruction d'une ville, qui est chargé, dans une ville existante, d'effectuer une opération de voirie, doit être, nous l'avons vu, tout d'abord, d'assurer la pureté de l'air dans la rue, dans la maison, et de faciliter dans ces deux éléments de la cité l'accès le plus large possible de la lumière solaire.

Ces deux éléments de la ville, la rue et la maison, sont, d'ailleurs, à tous les points de vue solidaires l'un de l'autre.

Une ville dont les rues seraient admirablement organisées hygiéniquement et dont les maisons, au contraire, ne comporteraient pas les dispositions et aménagements nécessaires à y assurer la pureté de l'air, l'ensoleillement, etc.,, serait une ville malsaine, dont les habitants verraient leur santé aussi mal protégée que possible.

Dans le cas inverse, où la maison serait salubre et la rue mal défendue, le résultat serait identique.

Conditions de bon fonctionnement de l'organisme humain. — Avant d'aborder l'étude des différentes parties de la ville et des principes qui doivent guider l'urbaniste dans leur aménagement, il nous paraît utile de rappeler ici les conditions essentielles que doit remplir le milieu dans lequel vit l'être humain pour que son organisme fonctionne normalement et que, par suite, sa santé puisse se conserver intacte, en tenant compte de l'action que le fonctionnement de l'organisme exerce sur le milieu ambiant.

L'homme est naturellement un être de plein air. Il lui faut pour assurer le jeu normal de ses organes un air pur et sans cesse renouvelé.

C'est aussi un animal diurne. Il a besoin de se pénétrer des effluves bienfaisantes du soleil, de subir l'action de la pleine lumière; sinon il souffre.

La plupart des maladies qui le frappent, surtout les plus redoutables, celles qui se propagent, les maladies contagieuses, sont dues à la pénétration et au développement dans le corps humain d'organismes microscopiques infiniment petits, de plantes dont plusieurs millions tiennent dans une goutte d'eau : les microbes.

L'homme malade répand autour de lui par ses excrétions et ses déjections, par les pellicules ou les membranes provenant de la desquamation des boutons ou des papules produits par la maladie, les microbes virulents du mal qui le tourmente.

Tous ces microbes se dispersent, mêlés suivant leur nature, aux poussières, entraînés par les courants d'air, ou véhiculés par l'eau avec laquelle les déjections, les excrétions du malade ont été en contact.

Dans une agglomération humaine, l'air, les poussières et l'eau sont donc sans cesse menacés d'être envahis de microbes pathogènes qui se répandront autour du malade, pénétreront dans l'organisme des gens qui l'approchent et leur communiqueront la maladie. Or il se trouve précisément que la lumière directe du soleil, indispensable à l'homme pour le maintenir en bonne santé, est au contraire le plus redoutable ennemi et le plus puissant destructeur des microbes. On se rend compte de l'importance énorme que présente l'ensoleillement de toutes les parties de la ville.

L'homme respire, c'est-à-dire absorbe dans

ses poumons une certaine quantité d'air qui, après avoir été en contact avec le sang, est rejetée dans l'atmosphère ambiante, son oxygène transformé en grande partie en acide carbonique. La peau, les poumons de l'homme laissent continuellement échapper des exhalaisons de diverses sortes qui se mêlent également à l'air ambiant. Un homme adulte absorbe par sa respiration 500 litres d'air par heure, soit 12.000 litres par jour. Il rejette 18 litres d'acide carbonique par heure, soit 432 litres par jour. Or la présence d'un litre d'acide carbonique dans un mètre cube d'air rend cet air malsain.

L'action personnelle de l'homme sur l'air qui l'environne est donc loin d'être négligeable. Tous les déchets de la vie organique humaine sont, eux aussi, grâce à leur décomposition rapide, d'importants facteurs de viciation de l'air. Les animaux domestiques, commensaux, auxiliaires de l'homme, sont pour les mêmes raisons et par le même mécanisme des facteurs importants de viciation de l'air.

La pureté de l'air des villes est donc incessamment menacée par le jeu normal des organismes des êtres vivants qui l'habitent et le premier devoir de l'hygiéniste est de prendre toutes les dispositions nécessaires pour parer à ce danger.

Viennent ensuite toutes les mesures propres à assurer le fonctionnement normal de la vie des habitants, approvisionnement, transports, industrie, relations sociales, tout cela touche à l'hygiène urbaine et nous verrons au cours des développements qui vont suivre l'importance relative de ces différents éléments de la vie d'une cité.

CHAPITRE II

La Ville

**Formation
des villes.** Dans notre pays, les villes
ne se sont pas créées de
toutes pièces. Les agglomérations humaines se sont peu à peu formées
au cours des siècles, sans que, dans la plupart des cas, un programme déterminé ait
présidé à cette formation.

Le 19ᵉ siècle a vu les villes s'accroître dans
des proportions énormes, et les débuts du
20ᵉ siècle nous promettent une accélération
plus rapide encore de ce mouvement.

Quand on examine par le détail la situation de nos villes françaises, on est amené à
les classer en deux catégories.

Les unes, les plus anciennes, étaient jadis

closes de murailles. Pendant tout le moyen-âge et une partie des temps modernes, l'accroissement de leur population s'est faite dans une enceinte limitée, et a nécessité l'extension de la ville en hauteur, par la multiplication du nombre des étages des maisons, la réduction de tous les espaces libres, rues, places et jardins, jusqu'au jour où saturées d'habitants elles ont dû déborder en dehors de leurs murailles. Des agglomérations nouvelles se sont alors constituées aux portes mêmes de la cité. Des faubourgs se sont édifiés sur le modèle de la ville mère et quand les progrès de l'artillerie ont démontré l'inutilité des anciennes fortifications, et en ont amené la démolition, la ville s'est trouvée doublée d'étendue, sans qu'aucune des conditions anciennes d'habitabilité en aient été modifiées. Ce sont ces villes compactes, enfermées, sombres que trouvent devant elles, à notre époque, les administrations sanitaires et c'est à leur transformation que s'attachent tous les hommes qui ont souci de la santé de leurs concitoyens.

La seconde catégorie de villes que nous rencontrons sur notre sol se compose de celles qui ont pu croître librement, sans être entravées dans leur croissance par la ceinture de pierre de murailles défensives.

Celles-ci auraient pu s'étendre en surface,

ne pas ménager les espaces libres; aucun souci de sécurité ne pouvait entraver leur essor. Pourtant, là encore on constate un entassement exagéré de la population, et la même forme, la même contexture que pour les vieilles places fortes.

Formation de Paris. Ce travail séculaire de formation des villes européennes sera mieux saisi en examinant les phases par lesquelles a passé notre capitale Paris. Elle apparaît pour la première fois dans l'histoire en l'an 54 avant Jésus-Christ, à l'occasion d'une grande bataille livrée par les Gaulois à Labiénus, lieutenant de Jules-César.

Elle s'appelait alors Lutèce, tenait tout entière dans une île de la Seine, aujourd'hui l'île de la Cité, et constituait la place de refuge d'une petite peuplade gauloise, originaire de la Gaule Belgique, les Parisii.

Pendant une partie du moyen-âge, elle s'étendit sur les deux rives de la Seine où des faubourgs importants prirent naissance. Louis VI, le Gros, entoura ces nouvelles annexes d'un mur d'enceinte qui cent ans plus tard était devenu à son tour trop étroit. Philippe-Auguste entoura les nouveaux quartiers d'un nouveau mur d'enceinte dont les vestiges subsistent encore sur divers points de la ville.

Au 14ᵉ siècle, nouvel agrandissement borné d'ailleurs aux quartiers de la rive droite, œuvre d'Etienne Marcel, prévot des marchands. Sous Louis XIV, les anciens remparts sont démolis et remplacés par un boulevard circulaire planté, dont certaines parties subsistent encore.

Sous Louis XVI, une nouvelle enceinte avait été construite pour faciliter la perception des droits. Elle englobait des quartiers neufs peuplés depuis Louis XIV et il en reste des traces dans la rotonde du Parc Monceau, et les bâtiments de la place Denfert-Rochereau. Enfin de 1840 à 1846, l'enceinte fortifiée actuelle fut édifiée, englobant toute une série de communes qui jusqu'alors avaient été des communes rurales et que l'accroissement incessant de la population commençait à couvrir de maisons.

Aujourd'hui, les fortifications de Paris sont bordées de véritables villes qui prolongent la capitale et qui tôt ou tard y seront incorporées. Les relations entre Paris et sa banlieue sont devenues si étroites, que les pouvoirs publics ont décidé la démolition des fortifications.

Mais depuis l'origine de notre ville, des progrès se sont faits dans les idées, comme ils se faisaient dans l'étendue de la capitale. Depuis longtemps déjà les bons esprits déploraient que l'accroissement des villes se fît toujours sans programme arrêté d'avance, au grand détriment des intérêts économiques et de l'hygiène des populations.

Plans d'extension. Dans les pays étrangers, les gouvernements avaient depuis longtemps imposé aux villes en voie de croissance l'obligation de dresser d'avance un plan d'extension permettant de diriger et de réglementer cette croissance au mieux des intérêts de tous. Une loi du 19 mars 1919 a décidé qu'un plan d'extension serait établi pour les villes de 10.000 habitants, et a réglé les conditions d'établissement de ce plan. Ce qui indique bien qu'une des préoccupations essentielles du législateur était d'assurer l'application préventive des règles de l'hygiène urbaine, c'est que la commission d'étude des plans d'extension prévue par la loi, comprend d'abord le Conseil départemental d'hygiène.

Désormais, l'accroissement des villes ne se fera plus à l'aveugle, au hasard des circonstances. Il sera dirigé, au moins dans ses grandes lignes, d'après un programme mûrement étudié et quand une ville s'annexera un de ses faubourgs, elle ne devra pas se livrer à des remaniements onéreux et souvent rendus impraticables pour le faire rentrer dans l'économie générale de la cité.

Pour se rendre compte de l'accroissement de population de certaines villes, closes de murailles et par conséquent jusqu'ici inextensibles, il suffira de rappeler que Paris, dans l'enceinte des fortifications, comptait, en 1872, 1.851.792 habitants et qu'en 1913, 40 ans après, elle en comptait 2.897.002.

Un million d'habitants sont donc en 40 ans, venus s'ajouter à ceux qui habitaient déjà la ville et ce n'a été que grâce à une construction intensive de maisons à 6 ou 7 étages sur tous les terrains libres qu'il a été possible de leur assurer un logement.

De là la disparition rapide de tous les jardins, la limitation à l'excès de la surface des logis, des cours intérieures, de là aussi des conséquences graves pour la santé publique et en première ligne l'extension rapide de la tuberculose et de toutes les maladies qui reconnaissent comme principaux adjuvants le surpeuplement et l'obscurité des logements.

Différentes conceptions de la ville moderne. Ces dangers que fait courir à la santé publique la densité excessive de la population des villes sont depuis longtemps reconnus. Les urbanistes de tous les pays ont cherché des remèdes à cette situation néfaste. En Angleterre, pays des réalisations radicales, on a adopté l'extension des villes en surface. En dehors des quartiers centraux de Londres, les faubourgs ont été édifiés en cottages ou maisons individuelles, au moins en grande partie. Les résultats de cette pratique ont été excellents. Grâce à des moyens de transport rapides et fréquents, l'ouvrier, l'employé, le commerçant peuvent habiter à 8 ou 10 kilomètres de leur atelier, de leur bureau ou de leur magasin sans trop en souffrir. En Allemagne, la conception de la ville nouvelle est plus radicale encore. Les villes sont divisées en zones concentriques. La zone centrale est construite en maisons hautes de plusieurs étages. Elle est surtout occupée par le commerce. Dans une seconde zone, plus spécialement réservée à l'habitation, les maisons, collectives encore, ne peuvent s'élever qu'à deux ou trois étages. Enfin la 3e zone est réservée aux habitations individuelles avec jardins. Des quartiers spéciaux sont réservés aux usines de tout genre et il n'existe dans ces quartiers que des maisons d'habitation destinées aux ouvriers qui travaillent dans ces usines.

Enfin une conception nouvelle, dont quelques heureuses applications ont été faites en Angleterre, en Allemagne et en Amérique et qui commence à faire son chemin en France est celle de la cité-jardin. Dans cette conception, toutes les maisons sont individuelles, réservées à une seule famille et accompagnées d'un jardin. C'est évidemment l'idéal au point de vue de la famille et de l'hygiène morale et matérielle du citoyen. Malheureusement, si, comme certains de ses partisans, on voulait la généraliser, on se heurterait à des impossibilités matérielles absolues.

Si l'on voulait, par exemple, remplacer Paris et sa banlieue par une cité-jardin pouvant recevoir les 4 millions d'habitants qui les peuplent, rien que pour l'habitation humaine proprement dite, et sans compter les surfaces qui devraient être affectées aux services publics, administrations, abattoirs, marchés, écoles, théâtres, chemins de fer, etc., ainsi qu'aux usines de toute sorte, aux squares, parcs, places de jeux, etc., il faudrait disposer d'une superficie d'au moins

40.000 hectares alors que la surface totale du département de la Seine ne dépasse pas 47.000 hectares.

La véritable conception pratique est celle qui consiste à créer de plus en plus dans la zone périphérique des grandes villes des cités-jardins. Il ne faut pas oublier que beaucoup d'habitants des villes préfèrent habiter dans le centre de l'agglomération et sont même souvent obligés d'y habiter par leurs occupations mêmes.

Ce qu'il faut, c'est que grâce à l'aménagement hygiénique de la cité, l'habitant, quelque soit le quartier où il réside, y rencontre les conditions de salubrité nécessaires au maintien de sa santé et de celle des siens. La cité-jardin, ou plutôt la banlieue-jardin sera surtout habités par ceux qui, ayant des occupations fixes, savent exactement quelles sont les heures de la journée où ils peuvent disposer de leur temps.

Spécialisation des quartiers. — Dans la plupart des conceptions nouvelles de la ville, les urbanistes modernes admettent la spécialisation des quartiers et disposent en conséquence le schéma des villes tel qu'il en résulte.

Les quartiers centraux sont généralement

réservés au commerce; les quartiers qui entourent la zone centrale sont affectés plus particulièrement à l'habitation; les usines et industries de toute sorte sont reléguées dans la zone périphérique.

Ces conceptions qui ont été en partie réalisées dans certains pays, sont séduisantes à priori. Mais je ne crois pas que leur réalisation puisse jamais se faire intégralement. Le développement des cités obéit à des lois encore mal définies, et il paraît difficile d'en cristalliser la distribution d'une façon immuable. Les villes sont des organismes vivants qui évoluent perpétuellement. Les quartiers des villes se transforment sans cesse et changent de destination presque à chaque génération. Les quartiers du Marais, à Paris, qui au 18ᵉ siècle étaient des quartiers riches, habités par de grands seigneurs, des parlementaires opulents dont les superbes hôtels existent encore aujourd'hui ont été, dès le début du 19ᵉ siècle, désertés par leurs anciens occupants. Les magnifiques hôtels qui retentissaient du bruit des fêtes et voyaient défiler dans leurs salons tout ce la population parisienne comptait de plus élégant, sont aujourd'hui occupés par des industries et des commerces variés. Les vastes jardins qui entouraient ces hôtels ont été remplacés par des constructions compactes dans lesquelles s'entasse une population ouvrière innombrable.

D'autres quartiers au contraire, comme la cité et le quartier de la Sorbonne dont les ruelles infectes étaient le refuge d'une population ouvrière misérable qu'ont décrite tous les écrivains de la première moitié du 19ᵉ siècle, sont aujourd'hui des quartiers aisés, traversés en tous sens par de larges voies, bordées de maisons confortables qui abritent une population toute différente de celle que nous montre Eugène Süe dans ses *Mystères de Paris*.

Il est bien évident que certaines industries insalubres doivent être éloignées des habitations et reléguées aux confins de la ville. Nous verrons plus loin comment il faut procéder pour que ces usines présentent le moins de dangers pour la santé publique. Mais il nous paraît que, dans l'aménagement d'une ville, organisme essentiellement mouvant et variable, on ne peut songer à fixer d'avance les zones réservées aux diverses classes de la population, sans s'exposer à faire une œuvre que les générations suivantes ne tarderont pas à bouleverser.

Le rôle de l'urbaniste est de fixer les conditions dans lesquelles cet organisme complexe peut vivre et se développer, les mesures qu'il convient d'envisager pour que les habitants, en quelque lieu de la ville qu'ils séjournent, rencontrent les conditions de milieu indispensables à la conservation de leur santé. Ces règles tutélaires, moyens de défense contre la déchéance vitale, contre les maladies physiques et morales, c'est à l'hygiène urbaine qu'il appartient de les formuler et d'en assurer la stricte application. Son premier devoir est de fixer les règles qui doivent présider à l'aménagement de ce qui forme l'armature de la cité, la rue et ses dépendances; les édifices de toute sorte que la rue est appelée à faire communiquer entre eux.

CHAPITRE III

La Rue

**Rôles de la rue. — Le sol de la rue. — Le bruit
et les trépidations. — Les poussières.**

**Rôles
de la rue.** Dans cet organisme complexe qu'est la ville, la rue joue des rôles multiples.
Elle sert d'abord à la circulation générale et met les diverses maisons en communication avec les différentes parties de la ville et aussi en se raccordant aux routes générales, avec les différentes régions du pays.

C'est par elle que les habitants accèdent de tous les points de la ville aux maisons qu'ils habitent. C'est par la rue que doit se faire l'approvisionnement des maisons en toutes les denrées et matières premières nécessaires à la vie et à l'industrie des habitants. Par elle doivent être conduites au loin les eaux et matières usées produites par la vie organique et la vie économique de la cité.

Par elle enfin les maisons et les habitants doivent recevoir l'air et la lumière indispensables à leur existence.

Le tracé et l'orientation des rues d'une ville semblent au premier abord être déterminés essentiellement par les besoins de la circulation générale et locale. Mais, s'il est vrai que le premier rôle des voies publiques soit d'assurer cette circulation, leur influence est telle sur la salubrité de la cité qu'on ne saurait se baser exclusivement sur ce rôle spécial et que les considérations hygiéniques doivent avoir une influence au moins égale sur leur orientation et leur tracé.

Nous commencerons donc, ce qui au premier abord peut sembler paradoxal, par étudier les conditions que doit remplir l'assiette même, la construction et les aménagements de la rue et nous n'envisagerons qu'après cette étude et comme conséquence inéluctable, les règles qui doivent présider à son orientation, sa largeur et son tracé.

Le sol de la rue. Avant tout, le sol des rues doit être revêtu de matériaux durs. Un sol mouvant ne pourrait se prêter à une circulation quelque peu intense.

D'autre part, les rues reçoivent des eaux

de toute nature, soit les eaux provenant des maisons qui les bordent, soit les eaux de pluie.

Pour que les rues puissent conduire ces eaux aux exutoires qui leur sont ménagés, il est indispensable que le sol dur soit en outre imperméable et que la surface en soit réglée de manière à leur assurer un écoulement facile et régulier.

Dans la pratique courante, la rue comporte deux parties distinctes : les trottoirs qui, de chaque côté, bordent les façades des maisons et mettent les piétons à l'abri du choc des véhicules, et la chaussée destinée à la circulation des voitures de toute sorte. Les trottoirs sont limités par des bordures en pierre qui les isolent de la chaussée et le long desquelles règne un caniveau destiné à recevoir toutes les eaux de surface. Le sol de ces trottoirs qui doit être également en matériaux durs et imperméables, présente une pente légère dirigée de la façade des maisons vers la bordure pour faciliter l'écoulement des eaux.

La chaussée, de son côté, présente une surface courbe dont le point le plus élevé se trouve sur l'axe de la chaussée et dont les points bas forment le caniveau qui règne le long des bordures des trottoirs. Avec cette disposition, toutes les eaux qui tombent sur le sol de la rue s'écoulent immédiatement dans le caniveau. Le caniveau de son côté doit présenter une pente suffisante pour amener toutes les eaux qu'il reçoit aux exutoires destinés à les recueillir et à les conduire au loin.

Les deux qualités : dureté et imperméabilité, que l'on doit exiger du sol des rues peuvent être obtenues avec de nombreux matériaux. .

Les pavés de grès, d'arkose, de granit, le pavé de bois, l'asphalte, le macadam donneront, à ces deux points de vue, des résultats satisfaisants. Il semble donc que l'on puisse les employer tous, sans autre souci que de choisir ceux que les conditions locales permettent de se procurer aux moindres frais.

Il n'en est pas tout à fait ainsi. La nature des matériaux employés dans le revêtement des rues joue, vis-à-vis de la santé des habitants un rôle beaucoup plus important qu'on ne le supposerait et qui oblige à faire parmi eux un choix très attentif.

Les roues des véhicules en roulant usent le revêtement des rues, en écrasent la surface et le produit de cette action brutale est la poussière. Or la poussière, nous le verrons plus loin, est un ennemi de notre santé et pour conserver la pureté de l'air que l'on respire dans les villes, il faut faire la guerre à la poussière. Avant toute autre considération, il paraît donc rationnel de donner la préférence aux matériaux qui produisent le moins de poussières.

En les classant d'après ce critérium, nous voyons que le meilleur matériau est l'asphalte; ensuite vient le pavage en bois, puis le pavage en pierre et enfin le macadam. Ce dernier, en effet, malgré toutes les améliorations qui ont été apportées depuis quelques années dans sa construction, malgré les goudronnages et autres enduits qui ont été employés, reste toujours un revêtement producteur d'abondantes poussières. C'est du reste celui qui résiste le moins bien à une circulation quelque peu intensive. C'est donc un revêtement qui, tout en présentant certains avantages, nous paraît devoir être réservé aux routes de campagnes où la circulation est moins active et où les inconvénients de la poussière sont moins à redouter.

Le bruit et les trépidations. Mais il est un autre aspect de la question que l'hygiéniste doit envisager, et qui jusqu'alors avait été négligé; nous voulons parler du bruit et des trépidations causés par le passage des voitures.

Le bruit persistant et intense que produit le passage de nombreux et lourds véhicules sur un sol un peu raboteux et sonore n'est pas sans influencer sérieusement la santé des habitants des maisons riveraines.

L'ébranlement nerveux qui en résulte d'une façon continue finit, à la longue, par agir sur l'organisme et la susceptibilité maladive de la plupart des citadins, soumis déjà, par leur genre de vie, à des influences déprimantes multiples, ne reconnaît pas d'autre cause.

D'un autre côté, les trépidations du sol agissent sur l'assiette même des maisons.

Ces ébranlements continus dont tout le monde a pu constater l'intensité dans certaines rues pavées en pierre, où la circulation est active, finissent par compromettre la solidité des édifices. Elles accentuent les tassements de la maçonnerie. Or dans les points de moindre résistance, comme les murs contenant des tuyaux de fumée de poterie, ces tassements se produisant d'une façon inégale, amènent dans les poteries des déboîtements, des fissures qui peuvent avoir et ont presque toujours les plus redoutables conséquences.

Ces fissures, souvent imperceptibles à l'œil, dissimulées qu'elles sont par les meubles ou les tentures des logements, favorisent l'expansion dans les pièces habitées des gaz de la combustion et surtout du plus dangereux de tous, l'oxyde de carbone. Une pratique de trente années nous a démontré que, dans un très grand nombre de logis parisiens, du fait de ces fissures produites par des tassements exagérés par les trépidations du sol, les habitants sont soumis à une intoxication oxycarbonée plus ou moins intense qui peut aller de l'intoxication brutale, mortelle en quelques heures, à l'intoxication chronique dont les manifestations, quoiqu'à longue échéance, n'en sont pas moins pernicieuses.

Les revêtements qui donnent le moins de poussière et qui en même temps produisent le moins de bruit et de trépidations sont, parmi ceux que nous avons examinés, l'asphalte et le pavage en bois. Ce sont donc ces deux matériaux que l'on devra préférer, au moins dans les quartiers où la circulation des véhicules est quelque peu active.

Pourtant, les nécessités même de la circulation imposent à cette règle quelques exceptions.

En raison même de leurs qualités, l'asphalte et le pavage en bois sont glissants. Le pied des chevaux y a moins de prise que sur la surface raboteuse du pavé de pierre ou du macadam. Cet inconvénient, peu sensible dans les voies horizontales ou à faible pente, devient capital dans les rues à pente un peu accentuée.

D'un autre côté l'asphalte et le pavé en bois coûtent cher; l'entretien doit en être assuré avec un soin et une régularité parfaite, si l'on veut qu'ils conservent tous leurs avantages.

Dans les voies à pente un peu accentuée, on sera obligé de s'en tenir au pavage en pierre; et l'on aura souvent avantage à employer le même revêtement dans les rues à petite circulation. En tout cas, si l'on veut que le pavage en pierre conserve ses qualités et n'exagère pas ses défauts, il est nécessaire qu'il soit établi avec le plus grand soin, sur une forme en béton bien réglée et construite en bons matériaux.

Les revêtements que nous venons de citer ne sont pas les seuls en usage. Les dallages en larges pierres dures, les briques, des agglomérés de diverses sortes, les dallages en fer, en cuir comprimé, etc. ont été essayés ou sont employés dans nombre de villes étrangères. Aucun de ces essais n'a, jusqu'ici, donné de meilleurs résultats que les trois matériaux que nous venons de citer et tous se sont en général montrés bien inférieurs comme tenue et ne présentent aucun avantage comme prix de revient.

Nous voulons insister ici sur un des inconvénients que nous avons signalés de certains dallages des chaussées, c'est-à-dire les poussières.

On ne se rend pas suffisamment compte, non seulement dans le public, mais même parmi ceux qui ont la charge des aménagements hygiéniques des villes, des dangers de toute nature que les poussières font courir à la santé des citadins.

Le sol des voies reçoit incessamment une quantité importante de déchets organiques : les crachats humains, les déjections des animaux qui les parcourent, les détritus de toute sorte jetés çà et là ou tombés des voitures.

Les roues des voitures, les pieds des passants triturent incessamment toutes ces matières, en même temps qu'ils enlèvent au sol même de la voie des particules solides.

Toutes ces matières, finement pulvérisées, sont soulevées incessamment, par le vent ou les actions mécaniques de la circulation et, mélangées à l'air qui nous entoure, peuvent affecter gravement notre santé.

Ces poussières se composent de deux éléments distincts, mais également nuisibles. D'abord les particules enlevées au sol, de nature minérale, présentant des formes irrégulières, des pointes, des arêtes tranchantes. En pénétrant dans les poumons et les voies digestives, ces particules offensent les muqueuses, y pratiquent de petites érosions, de petites plaies qui sont autant de portes ouvertes à la pénétration dans l'organisme des germes vivants contenus dans le second élément des poussières.

Ce second élément est évidemment le plus dangereux. Les crachats humains, les déjections-animales, les déchets organiques putrescibles contiennent la plupart du temps les microbes de nombreuses maladies, les œufs microscopiques de parasites variés.

Pour n'en citer que quelques-uns, que nos amis Sartory et Fillassier ont isolés des poussières parisiennes, nous nommerons le bacille de la tuberculose, provenant des crachats projetés sur le sol par les malades qui circulent dans les rues; le bactérium coli associé le plus souvent au bacille de la typhoïde; le bacille de la diphtérie, projeté sur le sol par les linges des malades secoués des fenêtres, par les porteurs de germes, etc.; le bacille de la diarrhée infantile, commun dans les crottins de cheval et maints autres organismes dangereux, sans compter les œufs mcirocospiques de nombre de parasites. Parmi ces derniers, nous citerons les œufs microscopiques d'échinocoques, contenus dans les déjections du chien et qui, ingérés par l'homme, sont pour lui l'origine d'une maladie extrêmement grave : le kyste hydatique, malheureusement trop répandue.

Ces poussières si dangereuses, nous les absorbons directement dans l'air que nous respirons et elles pénètrent ainsi dans nos poumons et dans notre estomac. Mais en outre elles se déposent sur toutes les denrées conservées dans les cuisines et surtout sur celles qui sont exposées aux devantures des boutiques ou sur les voitures des marchands et, en dehors même du danger qu'elles présentent quand elles sont ingérées directement, contribuent à hâter l'altération de toutes les substances avec lesquelles elles sont en contact.

On voit par ces quelques considérations l'importance extrême que présente pour l'hygiène de la ville la lutte contre la poussière. Le seul moyen de se débarrasser des poussières est de laver chaque jour à grande eau le sol des rues et de les arroser par les temps secs aussi fréquemment que possible.

Nous venons de voir quel aménagement de la rue nécessitait le rôle qu'elle doit remplir d'assurer la circulation générale.

Un rôle non moins important de la rue est de recevoir et de conduire au loin toutes les eaux usées produites par la vie de la cité, les eaux de pluie et les matières usées de toute nature dont la stagnation finirait par empoisonner l'atmosphère.

CHAPITRE IV

Les Égoûts

Ecoulement des eaux usées. — L'égout unique. — Le système séparatif. — Avantages et inconvénients des deux systèmes.

Ecoulement des eaux usées.

Le profil des rues et les pentes des caniveaux étant convenablement établis, les eaux de toute nature pourraient s'écouler jusqu'aux limites de l'agglomération pour aller ensuite se perdre dans les champs ou tomber dans le cours d'eau le plus proche et c'est ce qui, malheureusement, existe encore dans la plupart de nos villes, de nos bourgs et de nos villages.

Et pourtant, le simple bon sens nous dit que toutes ces eaux qui coulent dans les ruisseaux des rues ne peuvent, sans de graves inconvénients pour la santé publique, y circuler à ciel ouvert sur un parcours souvent très étendu.

Des eaux chargées de matières organiques, exposées à toutes les variations de la température, s'altèrent rapidement en été et ne tardent pas à répandre des odeurs nauséabondes et malsaines. En hiver, par les grands froids, elles se congèlent rapidement et finissent par recouvrir toute la largeur de la voie d'une croute de glace rendant la circulation dangereuse et que le dégel transforme en mare putride.

Aussi considère-t-on aujourd'hui comme l'a b c de l'hygiène urbaine l'obligation absolue de pourvoir les rues d'une ville, toutes les rues, d'une canalisation souterraine destinée à recueillir, le long de leur parcours, toutes les eaux usées et à les conduire hors de l'agglomération.

Ce draînage des villes est opéré, suivant les différents pays, par des systèmes assez variés qui tous peuvent se ranger dans deux classes : le système de l'égout unique et le système séparatif.

L'égout unique. Le plus simple, celui qui est en usage à Paris, par exemple, est le système de l'égout unique.

Dans ce système, l'égout reçoit toutes les eaux, aussi bien les eaux de pluie que les liquides usés de toute nature, organiques ou industriels, ainsi que les vidanges provenant des maisons.

L'établissement d'un réseau d'égouts doit, dans ce cas être étudié avec le plus grand soin. Les galeries doivent en être calculées de manière à pouvoir écouler sans obstacles le cube d'eau que les plus fortes pluies de la région peuvent déverser sur le sol au fur et à mesure de leur chute.

D'un autre côté, les pentes en doivent être établies de telle sorte qu'en temps de sécheresse, les eaux usées des maisons, les eaux de lavage des rues suffisent à y entretenir un courant sensible empêchant toute stagnation.

Quand la disposition topographique de la ville le permet, tous ces conduits sont agencés de manière que les eaux s'y écoulent par simple gravité jusqu'aux collecteurs destinés à les emmener au loin.

Mais dans certains cas, comme à Berlin par exemple, une telle disposition est impossible à réaliser. La ville étant construite dans une plaine presque horizontale, et couvrant une surface considérable, les collecteurs et une partie des égouts secondaires, pour pouvoir recevoir les eaux par simple gravité, auraient dû être placés à des profondeurs excessives. Les ingénieurs allemands ont divisé la ville en un certain nombre de secteurs dont le nivellement rigoureux a été effectué et qui possèdent chacun un réseau d'égouts indépendant. Au point bas de chacun de ces secteurs, les eaux sont relevées par de puissantes machines et envoyées directement sur les champs d'épandage.

A Paris, les égouts sont constitués par des galeries en maçonnerie de meulière et ciment, soigneusement enduits à l'intérieur de ciment lisse. La forme adoptée est la forme ovoïde, la pointe de l'ovoïde formant le radier. Sauf dans les égouts élémentaires, une banquette régnant tout le long du radier permet aux ouvriers chargés de l'entretien d'y circuler à pieds secs. Depuis les égouts élémentaires desservant les rues placées à l'extrémité du réseau jusqu'aux collecteurs, leur dimension va croissant à mesure qu'ils s'éloignent des confins de la ville et qu'ils drainent non seulement leur rue, mais encore reçoivent les eaux amenées par des égouts affluents.

Ils forment ainsi un réseau de tubes continus communiquant avec les maisons riveraines par les débouchés des canalisations qui y déversent les eaux résiduaires et les vidanges de ces dernières.

Les collecteurs, véritables fleuves souterrains, emmènent hors de la ville la totalité de ces eaux.

Le système séparatif. Dans le système séparatif, il existe deux canalisations distinctes. L'une, à petite section, formée de tuyaux de poterie, en ciment ou toute autre matière dure et imperméable, est destinée à recevoir les eaux usées et les vidanges des maisons et à les conduire directement hors de la ville dans des usines d'épuration ou de traitement. L'autre, à grande section, construite le plus souvent en maçonnerie et dont les formes varient avec les pays, est destinée à recevoir les eaux de surface, eaux de pluie et de lavage des rues et va les déverser soit sur des champs d'épandage, soit, le plus souvent, purement et simplement, par le plus court chemin dans le cours d'eau le plus voisin.

Le déversement des eaux de surface dans les cours d'eau est un expédient des plus fâcheux. Ces eaux qui ramassent les poussières des toits, les débris de toute nature répandus sur le sol des rues, sont nécessairement chargées de germes nuisibles et des parasites nombreux qu'y sèment la plupart de nos animaux domestiques. L'eau de la rivière est forcément contaminée par ces apports de matières remplies de germes morbides et les populations qui en font usage sont ainsi exposées à de réels dangers. L'envoi de ces eaux peu chargées en somme de matières organiques, sur des champs d'épandage, est le plus sûr moyen d'en assurer l'innocuité, sans qu'elles aient d'ailleurs besoin d'une épuration préalable.

Avantages et inconvénients des deux systèmes. Les égouts à grande section, comme ceux qui sont en usage à Paris, paraissent présenter le maximum d'avantages. La hauteur sous clef des galeries qui les composent permet aux ouvriers d'y circuler. On peut en outre y placer les canalisations de distribution d'eau, les cables télégraphiques et téléphoniques, ce qui permet une surveillance active de ces diverses installations et pour les canalisations d'eau, évite les inconvénients graves que pourraient présenter les fuites se déversant dans le sol des rues.

Ces égouts unitaires sont munis, de distance en distance, de regards de visite par lesquels les ouvriers de l'entretien peuvent descendre dans les galeries et en remonter, ainsi que de bouches placées sous les bordures des trottoirs, à des intervalles soigneusement calculés suivant les circonstances locales et destinées à y amener les eaux de toute nature coulant dans les ruisseaux.

Dans les villes où existent sous les chaussées, des souterrains de grande section dans lesquels circulent des trains de chemins de fer ou de métropolitain, les égouts sont placés sous les trottoirs, le long des maisons. Au lieu d'un seul égout, il y en a deux dans chaque rue et les sections de chacun de ces égouts peuvent être diminuées dans une proportion qui résulte des conditions particulières de pente, de nature et de quantité des eaux qu'ils reçoivent, etc.

C'est un procédé à recommander en ce qu'il permet la surveillance et la réparation de ces conduits sans amener aucun trouble dans la circulation et que d'autre part il réduit dans une notable mesure la longueur des branchements qui relient les maisons à l'égout public et en permet un entretien et un nettoyage plus complets.

Si bien conçu, si bien exécuté que soit un réseau d'égouts, même pourvu de chasses d'eau abondantes, à la longue, des dépôts de matières solides se feraient sur les radiers et finiraient par devenir une cause de mauvaises odeurs, et même d'émanations dangereuses pour la santé des habitants. Les égouts doivent donc être surveillés et le radier doit en être curé à fond à des intervalles qui varient avec la pente de la galerie, et la nature particulière des eaux qu'elle reçoit.

Depuis le rabot poussé à la main dans les égouts élémentaires jusqu'aux bateaux-vannes employés au curage des collecteurs des grandes villes, il existe à cet effet un outillage complet qui doit être manié par un personnel exercé dont l'importance varie avec celle de la ville; l'un et l'autre sont des auxiliaires indispensables de l'hygiéniste urbain.

CHAPITRE V

Les Eaux d'égoùts

Eloignement des eaux d'égout. — Epuration des eaux d'égout. — Epandage et utilisation agricole. — Surface des terrains d'épandage. — Epuration biologique. — Epuration chimique. — Envoi à la mer.

Eloignement des eaux d'égout. Les eaux de toute nature que les égouts ramassent et charrient dans leurs galeries doivent être conduits, avons-nous dit, en dehors de l'agglomération urbaine. Mais cette seule condition remplie ne ferait que reculer au-delà des limites de la ville l'infection produite par ces eaux.

On ne peut songer à la solution simpliste, qui a été longtemps la seule donnée au problème, de les déverser purement et simplement dans un cours d'eau.

Une pareille pratique a pour résultat certain d'infecter sur un parcours de plusieurs kilomètres l'eau de la rivière, d'en obstruer peu à peu le lit par des dépôts de vase infecte qu'y laisse la décantation naturelle des matières solides de toute sorte qui s'y trouvent en suspension.

Les eaux de la rivière, dans laquelle se déversent des égouts transportent à de grandes distances, dans les localités qu'elles traversent, tous les germes pathogènes qu'y amènent sans cesse les liquides venant de la ville.

Aujourd'hui, on sait qu'il est impossible d'admettre le déversement des eaux d'égouts dans les cours d'eau, sans leur avoir fait subir une épuration préalable, détruisant tous les germes morbides et en faisant disparaître les matières organiques putrescibles qui s'y trouvent en dissolution ou en suspension.

Épuration des eaux d'égout. L'épuration des eaux d'égout est considérée comme un élément indispensable de la salubrité publique, et les ingénieurs de tous les pays ont sans cesse l'esprit en éveil pour trouver à ce problème la solution la plus efficace et en même temps la moins coûteuse.

Trois systèmes sont employés pour arriver à une épuration convenable des eaux d'égout des villes.

Epandage Le premier est l'épuration par le sol. Ce procédé qui est le plus simple ne saurait être appliqué partout. Il exige à proximité de la ville, l'existence de vastes terrains plats de nature sablonneuse et présentant une épaisseur de sable d'au moins deux mètres.

Les eaux d'égout sont amenées sur ces terrains et y sont répandues dans des rigoles. Elles filtrent à travers le sol sablonneux dans lequel elles abandonnent les matières en suspension et où les matières organiques dont elles sont chargées, se transforment, sous l'action de ferments ou microbes spéciaux, en sels solubles inoffensifs, nitrates ou nitrites, en détruisant radicalement tous les microbes pathogènes. L'eau, après avoir traversé la couche épuratrice, est recueillie par des drains et rejetée dans les cours d'eau, sans aucun danger pour la santé publique.

Utilisation agricole. Ce procédé permet en outre la culture intensive des terrains irrigués qui donnent, quand l'épandage est convenablement conduit, des produits remarquables. Mais les cultures compatibles avec l'épandage des eaux d'égout sont assez restreintes. On doit proscrire la culture de toutes les plantes alimentaires qui doivent être consommées crues, que la partie comestible en soit constituée par les racines, par les feuilles ou par les fruits, du moment que ces feuilles ou ces fruits peuvent, au cours de la végétation, venir en contact avec l'eau d'égout, par exemple : les salades, les fraisiers, les radis.

Surface des terrains d'épandage. D'un autre côté, on ne peut épurer convenablement sur une surface donnée qu'un cube d'eau limité, surtout si l'on y pratique une culture intensive. Les surfaces dont doit disposer une ville, pour y assurer l'épuration de ses eaux d'égout, sont considérables et ne se trouvent pas toujours disponibles. A Berlin, dont le sol est particulièrement favorable à l'épuration, on admet qu'un hectare peut recevoir par an 12.000 mètres cubes seulement. A Paris, le cube d'eau que peut épurer un hectare a été fixé à 40.000 mètres cubes par an. On a souvent même dépassé ce chiffre, mais alors les résultats ont été des plus médiocres. Les nappes souterraines de toute la région des champs d'épandage et les puits qui s'y alimentent ont été infectés par la pénétration d'eaux insuffisamment épurées. Il a fallu et il faut encore à chaque instant assécher des caves, des carrières, amener à grands frais de l'eau potable pour remplacer les puits hors de service.. En un mot, l'irrigation intensive a donné des résultats tout à fait contestables.

On avait pensé, sur la foi de quelques expériences incomplètes, qu'il serait possible d'opérer l'épuration continue sur un terrain qui ne serait pas mis en culture, sans autre limite que celle de la capacité filtrante du terrain. L'expérience a démontré qu'au bout de très peu de temps, le terrain surchargé se colmatait; il laissait encore passer une certaine quantité d'eau, mais ne l'épurait plus du tout. La couche filtrante, pour conserver ses qualités et ne pas voir périr les germes épurateurs qu'elle contient, doit être aérée largement à intervalles rapprochées. Le déversement continu des eaux sales empêchait cette aération indispensable et faisait périr les germes épurateurs. On a renoncé à cette pratique. En somme, l'épuration par le sol exige des précautions multiples. Il faut limiter la quantité d'eau que doit recevoir par an une surface donnée, laisser à intervalles réguliers la masse filtrante se reposer, s'égoutter et s'aérer. Ce procédé exige donc des surfaces énormes que l'on ne rencontre à peu près nulle part, et on a dû chercher autre chose.

Épuration biologique. A la suite des travaux de l'ingénieur anglais Dibdin, on a imaginé un procédé dit d'épuration biologique, qui consiste en somme à concentrer et à condenser en quelque sorte les actions multiples que l'eau d'égout subit dans un sol poreux.

Dans l'épuration biologique ordinaire, les eaux d'égout après être passées dans des bassins de dégrossissage où elles déposent la plus grande partie des matières qu'elles tiennent en suspension, sont reçues dans des bassins fermés où elles séjournent pendant un temps qui varie de 4 à 6 heures, suivant leur composition. Dans ce bassin, elles subissent l'action de certains microbes qui solubilisent en grande partie les matières organiques azotées qu'elles renferment. De là elles sont répandues dans des bassins à l'air libre contenant des corps poreux, scories, coke ou autres qui constituent ce que l'on appelle des lits bactériens. Là, sous l'influence de microbes et de l'air extérieur, les matières organiques se transforment, s'oxydent, les microbes pathogènes sont détruits et au bout de quelques heures, cinq à six également, l'eau ne contenant plus ni microbes dangereux, ni matières fermentescibles, peut sans inconvénients être évacuée dans les rivières.

C'est évidemment le procédé de choix, et c'est sur son amélioration que se portent en ce moment l'ingéniosité des chercheurs et l'expérience pratique des techniciens.

On peut obtenir avec des surfaces acceptables une épuration des eaux d'égout suffisante pour que leur envoi dans les cours d'eau ne présente plus ni dangers pour la santé publique, ni envasements, ni détérioration appréciable de la qualité des eaux de la rivière. Tous les jours, des améliorations nouvelles sont imaginées. On étudie en ce moment un procédé, dit des boues activées, qui, si les espérances qu'ont fait concevoir les dernières expériences se réalisent, constituera un progrès considérable.

Enfin, le 3ᵉ groupe de procédés d'épuration des eaux d'égout est constitué par les procédés chimiques.

Épuration chimique. Ce sont, en général, des procédés assez coûteux, parce qu'ils nécessitent l'emploi de quantités importantes de substances chimiques, dont les plus usitées sont la chaux et l'alun.

Dans ces procédés, l'eau d'égout, additionnée du réactif, passe dans des bassins de décantation où elle dépose les boues et matières solides qu'elle contient, puis est envoyée dans la rivière.

Nous n'entrerons pas ici dans le détail des nombreux systèmes qui ont été imaginés pour appliquer les principes de l'épuration biologique et de l'épuration chimique des eaux d'égout. C'est l'affaire du technicien de choisir celui qui s'applique le mieux aux conditions économiques et locales de la ville pour laquelle il travaille. Ce qui nous intéresse, au seul point de vue de l'hygiène urbaine, c'est ce principe absolu : On ne saurait rejeter dans un cours d'eau, les eaux d'égout d'une ville sans leur avoir fait subir au préalable une épuration complète, sans que les matières putrescibles et les microbes dangereux qu'elles contiennent y aient été complètement détruits ou rendus inoffensifs.

Envoi à la mer. Il y a encore un procédé commode pour se débarrasser des eaux d'égout d'une ville. Mais ce procédé n'est guère applicable qu'à des villes maritimes, c'est l'envoi de ces eaux à la mer. On l'a préconisé également pour de grandes villes situées à l'intérieur des terres et notamment pour Paris; mais jusqu'ici, au moins pour les villes intérieures, on a dû renoncer à un procédé entraînant des constructions extrèmement coûteuses, sans bénéfice correspondant pour l'hygiène générale. Pour les villes maritimes, il est certain que l'envoi des eaux d'égout à la mer, constitue, au premier abord, une solution élégante, en ce qu'elle dispense de toute opération d'épuration préalable. Un certain nombre de villes françaises et étrangères appliquent ce procédé et s'en trouvent bien.

Cependant cette solution peut entraîner des dépenses importantes, si l'on veut qu'elle n'ait pas pour la santé publique des conséquences fâcheuses.

L'on sait que sur les atterrissages, la mer est sillonnée de courants poussant, à des profondeurs variées, l'eau dans des directions qui quelquefois sont constantes et souvent au contraire changent avec les marées ou certaines contingences qu'il est en général facile de connaître.

Avant de déterminer le tracé de l'aqueduc qui doit conduire les eaux d'égout à la mer et de fixer le point où il devra déboucher, il faudra donc étudier avec soin la direction des courants et leur régime quotidien. Le point de débouché du canal sera alors fixé de manière que les eaux d'égout soient toujours entraînées vers la haute mer et ne puissent en aucun cas être repoussées sur la côte. On sait les graves dangers que présentent pour la santé des consommateurs, les huitres provenant d'établissements dans lesquels peuvent pénétrer les eaux d'égout provenant de villes ou de villages plus ou moins rapprochés. Des constatations multiples ont démontré que certaines épidémies de fièvre typhoïde n'avaient pas d'autre cause. Le conduit d'évacuation devra donc, toujours, aller déboucher en un point tel que de pareils dangers ne soient pas à craindre. Il est certain que, dans bien des cas, on se trouvera entraîné à donner, sous la mer, à ce conduit une longueur considérable. Il s'agira pour l'auteur du projet d'examiner si la solution en question est la moins coûteuse ou si les avantages qu'elle présente justifient la dépense qu'elle devra entraîner.

CHAPITRE VI

Orientation et largeur des rues

Mouvements naturels de l'air dans les rues. — Nécessité des rues ouvertes à leurs extrémités. — La lumière solaire. — La largeur des rues. — Percement et élargissement des rues. — Tracé des rues. — Reconstruction de Vitry-le-François au 16ᵉ siècle.

Mouvements naturels de l'air dans les rues. Dans une atmosphère immobile, la tranche inférieure de l'air, celle dans laquelle nous évoluons, ne tarderait pas, rien que du fait de la respiration de l'homme et des animaux qui y séjournent, à devenir irrespirable.

Heureusement, l'atmosphère des rues n'est jamais absolument immobile. Les différences de température des différentes couches d'air qui la composent, amènent des mouvements de bas en haut et de haut en bas qui brassent les diverses couches et disséminent dans toute la hauteur de l'atmosphère les gaz de toute nature qui y sont entretenus. Mais ces mouvements ne peuvent se produire avec quelque importance que si les couches inférieures peuvent s'échapper librement, devenir plus chaudes et partant plus légères que les couches supérieures. Dans les rues de la plupart des villes actuelles, ces tranchées dans lesquelles le soleil est loin de pénétrer librement, cet échauffement de la couche inférieure se produit d'une façon irrégulière et le renouvellement de l'air ne s'y produirait que d'une manière tout-à-fait imparfaite si l'atmosphère n'était pas animée d'autre part d'un mouvement horizontal régulier.

Nécessité des rues ouvertes à leurs extrémités. Pour que ce mouvement horizontal se produise avec une activité suffisante, pour que l'air ne reste pas stagnant dans la rue, il est indispensable que cette rue soit librement ouverte à ses deux extrémités. Dans ce cas, en effet et seulemnt alors, les influences météoriques ambiantes agissent sur l'air de la rue et y produisent des courants constants tantôt dans ur sens tantôt dans l'autre qui entraînent au loin l'air vicié et le remplacent sans cesse par de l'air neuf. Il en résulte que l'on doit proscrire d'une façon absolue toute voie, quelle qu'en soit l'importance, qui n'a qu'une de ses extrémités ouverte. Les impasses, les culs-de-sacs de toute nature sont toujours des rues malsaines où l'air se renouvelle mal et où les habitants sont placés dans des conditions hygiéniques défectueuses.

Il en résulte également l'obligation de tracer certaines voies importantes suivant la direction des vents dominants de la région.

Ces voies serviront de collecteurs des atmosphères des rues secondaires. Elles créeront dans tout le système des rues qui s'anastomosent entre elles comme le réseau sanguin du corps, des appels qui créeront ce mouvement continu des tranches inférieures de l'air, sans lequel le renouvellement de cet air ne saurait être assuré.

La lumière solaire. Un autre rôle non moins important de la rue, est d'assurer aux maisons qui la bordent le libre accès de la lumière solaire, dont l'action doit pouvoir se faire également sentir sans obstacles sur toute la largeur du sol de la rue.

Ce résultat ne peut être obtenu qu'à deux conditions.

La première, c'est que la rue soit orientée dans le sens du méridien du lieu. Nous ne voulons pas dire que toutes les rues doivent rigoureusement suivre le tracé du méridien, mais seulement que leur direction fasse avec le méridien un angle qui ne saurait sans inconvénients dépasser 60°. Avec une telle orientation, les deux côtés de la rue, ainsi que les façades postérieures des maisons, bénéficieront, au moins pendant un certain nombre d'heures de l'ensoleillement direct. Les rues dites équatoriales, c'est-à-dire dont le tracé est orienté rigoureusement de l'est à l'ouest, doivent autant que possible être évitées.

Dans de telles rues, tout un côté présente ses façades au nord et par conséquent les soustrait d'une façon complète à l'insolation directe. Quand les nécessités locales obligeront à adopter une orientation est-ouest, il sera nécessaire pour corriger, dans la mesure du possible, ses inconvénients hygiéniques, d'observer, dans la distribution des logements des maisons riveraines, certaines dispositions que nous indiquerons quand nous traiterons de l'hygiène de l'habitation.

La seconde condition c'est que la largeur de la rue permette cette insolation. Nous ne parlerons ici, bien entendu, que de la largeur minimum compatible avec les règles de l'hygiène.

La largeur des rues. Dans notre climat, si l'on veut, avec une orientation bien comprise, faire bénéficier les habitations des bienfaits de l'insolation, la rue doit avoir une largeur au moins égale à la hauteur des maisons qui la bordent.

D'autres considérations étrangères à l'hygiène doivent être envisagées pour déterminer la largeur des rues et, tout d'abord, les nécessités de la circulation.

Percement et élargissement des rues. A ce propos, nous croyons utile d'attirer l'attention sur les errements qui ont jusqu'ici suivis en cette matière.

Quand une administration, municipale ou autre, ouvre une rue nouvelle, destinée à décongestionner la circulation dans une région de la ville, elle se base sur l'importance actuelle de cette circulation et fixe en conséquence la largeur de cette voie. Qu'arrive-t-il le plus souvent ? Au bout de 10 ans, on reconnaît que la largeur adoptée est insuffisante. On n'a pas, en effet, pensé à cette loi inéluctable que plus il y a de facilités pour la circulation, plus vite celle-ci s'accroît. On se trouve avoir fait, à grands frais, une opération non pas inutile, mais ce qui est pire encore, insuffisante et qu'il faut reprendre sur nouveaux frais. Je sais bien qu'avec notre législation, les alignements des rues projetées doivent être déterminés longtemps à l'avance, alors que l'on n'a que des notions assez vagues sur les besoins auxquels la voie nouvelle devra faire face. Je sais bien aussi qu'une fois fixés par l'autorité supérieure, ces alignements sont à peu près définitifs. Il y a là une situation fâcheuse à laquelle il serait facile de remédier en modifiant dans un sens pratique les lois et règlements sur la matière.

Pourquoi ne chercherait-on pas le moyen de ne pas faire des travaux qu'il faut recommencer sans cesse ?

Il semble que si, avant d'entreprendre l'ouverture d'une voie nouvelle, l'Administration prenait la peine d'évaluer l'importance de la circulation future, en prenant par exemple l'accroissement que cette circulation a subi pendant les 10 années précédentes et en le multipliant par un coefficient établi d'après l'accroissement annuel de cette circulation pendant les 10 années considérées, on arriverait à fixer d'une façon plus rationnelle la largeur à donner à la rue dès son ouverture et que l'on reculerait sensiblement l'époque où il faudra, sur nouveaux frais, corriger la conception première.

Quoiqu'il en soit, et au seul point de vue qui nous occupe, c'est-à-dire au point de vue hygiénique, nous pouvons poser les principes suivants :

Tracé des rues. — Les rues doivent être tracées suivant des directions qui ne s'écartent pas de celle du méridien du lieu de plus de 60° et on doit éviter autant que possible de leur donner la direction est-ouest.

Certaines grandes voies devront être tracées en suivant sensiblement la direction des vents dominants de la région.

La largeur des rues, dans notre climat, ne sera jamais inférieure à la hauteur des maisons qui les bordent.

Reconstruction de Vitry-le-François au 16e siècle. — Le professeur Pagliani a, lors du Congrès d'hygiène sociale qui s'est tenu à Paris en avril 1919, cité un exemple de reconstruction scientifique d'une ville française qui remonte au 16e siècle, et que peu d'hygiénistes français connaissaient, j'en suis certain. Je n'hésite pas à reconnaître qu'il serait à souhaiter que l'on suivît cet exemple dans la reconstruction de nos villes détruites, tout en tenant compte bien entendu des données nouvelles acquises par la science et la technique sanitaires depuis 350 ans. En 1544, la ville de Vitry-en-Perthois, qui avait vaillamment résisté aux attaques des troupes boches de Charles-Quint, tomba au pouvoir de l'ennemi qui, pour la punir de sa résistance et aussi sans doute pour obéir à cet instinct féroce de destruction qui est la caractéristique de l'âme germanique, l'incendia et la détruisit de fond en comble. Il n'en resta que des décombres comme nous le voyons aujourd'hui dans la plupart de nos villes qui ont été en contact avec les adhérents de la Kultur.

Quand l'ennemi eut été repoussé et fut rejeté dans ses frontières, François 1er songea à reconstruire la ville.

Il plaça la cité nouvelle à quelque distance de l'ancienne dont les ruines prirent le nom de Vitry-le-Brulé, qu'elles conservent encore, tandis que la nouvelle cité recevait le nom de Vitry-le-François. Le roi chargea d'établir le plan de la nouvelle ville un ingénieur militaire renommé, l'architecte italien Gerolamo Marcini de Bologne et le projet qu'élabora ce savant fut rigoureusement exécuté.

Etabli d'après les données de l'urbanisme étrusco-gréco-romain, le plan répond aux principales exigences de l'hygiène urbaine moderne.

Les rues, rectilignes, se coupent à angle droit, de façon que les courants aériens puissent se mouvoir sans obstacles d'une extrémité à l'autre, amenant ainsi une bonne ventilation. Les rues sont orientées dans des directions intermédiaires entre la direction du méridien et celle de l'équateur, de façon qu'aucune façade des maisons ne soit exposée en plein nord et que toutes les façades puissent recevoir plus ou moins l'action directe du soleil.

Toutes les rues ont une largeur supérieure à la hauteur des maisons qui les bordent, ce qui facilite encore l'action et la pénétration dans les intérieurs de la lumière solaire. Deux grandes voies, de 20 mètres de large, se croisent en leur milieu où elles forment, au centre de la cité, une vaste place qui facilite les rapports avec le canal de la Marne qui la cotoie, avec la campagne qui l'environne et avec les grandes voies commerciales de la région.

C'est là qu'on été placés les édifices administratifs, écoles, caserne, hôpital, etc.

Sauf quelques modifications de détail, que rendent nécessaires les conditions de la vie moderne, ce plan réalise presque la disposition idéale que dictent les lois de l'hygiène scientifique.

Depuis cette reconstruction, bien des changements ont été apportés aux dispositions primitives. Des maisons ont été surélevées; d'autres ont été re   struites. Mais le plan général subsiste et,   qu'il est, pourrait encore servir de modèle à nos contemporains.

CHAPITRE VII

Plantations des rues — Parcs — Squares
Terrains de jeux — Fêtes foraines

Rues plantées. — Danger des plantations trop rapprochées des maisons. — Conditions d'établissement des plantations des rues. — Les places, les parcs, leur rôle. — Places de jeux pour enfants. — Places de jeux pour jeunes gens et adultes. — Aménagement des terrains

Rues plantées. Un peu partout, surtout dans les grandes villes, on prend l'habitude de planter d'arbres un certain nombre de voies importantes.

En nous plaçant au seul point de vue de l'hygiène, nous pensons que cette pratique doit être entourée de certaines précautions et soumise à certaines règles, sans lesquelles elle deviendrait nuisible.

Nous avons vu qu'un des principaux rôles dévolus à la rue était d'assurer la circulation de l'air, et l'accès dans toutes les maisons qui la bordent de la lumière solaire.

La présence des arbres ne doit pas supprimer ou même entraver ces deux fonctions essentielles de la rue.

Que voyons-nous cependant dans nos villes françaises et surtout à Paris ?

Danger des plantations trop rapprochées des maisons. — Dans la plupart des voies plantées, les arbres sont placés le long des trottoirs, souvent à petite distance, trois ou quatre mètres des façades des maisons. Si ces arbres, grâce aux soins assidus qui leur sont prodigués, se développent normalement, ils ne tardent pas à s'étendre, à épaissir leur ramure et leur feuillage et au bout de quelques années, ils forment devant les maisons un écran à peu près opaque, qui intercepte complètement les rayons solaires et rend absolument obscurs les locaux du 2ᵉ et du 3ᵉ étages.

Ils réalisent alors, dans les maisons qu'ils obscurcissent ainsi, le logement insalubre dans tout ce qu'il y a de plus redoutable pour la santé des habitants.

Une telle pratique est à proscrire. Si les arbres jouent un rôle utile en absorbant l'acide carbonique de l'air, au moins pendant le jour; s'ils égaient la vue et contribuent à rendre moins maussade et moins monotone l'aspect de la cité, ils ne doivent pas, par une extension exagérée, devenir une cause d'insalubrité.

Or si l'on veut qu'ils remplissent le rôle utile et agréable qu'on leur destine, et ce rôle seulement, il faut les employer judicieusement, les planter à une distance des maisons où ils sont inoffensifs.

Pour obtenir ce résultat, ils doivent être placés à une distance des façades qui ne saurait être inférieure à 10 mètres.

Conditions d'établissement des plantations des rues. En somme les plantations ne trouvent leur place utile que dans les voies de grande largeur. La partie neuve du boulevard Raspail, à Paris, réalise, à notre avis, le modèle à suivre pour les voies plantées. Il se compose en effet de deux chaussées latérales longeant les maisons, et d'un terre-plein central, interrompu à chaque rue transversale, de manière à permettre le passage facile d'une chaussée latérale à l'autre.

Le terre-plein central est seul planté de deux rangées d'arbres, qui se trouvent ainsi assez éloignés des façades pour ne pas gêner l'aération et l'ensoleillement des maisons, et qui constituent néanmoins une promenade ombragée où peuvent circuler les passants à l'abri du soleil.

Nous classerons également comme une dépendance de la rue, les places, squares, parcs et terrains de jeux qu'on ne saurait trop multiplier à l'intérieur des villes.

Les places, les parcs, leur rôle. De vastes places sont nécessaires pour régulariser la circulation de l'air. Elles forment en effet des sortes de réservoirs atmosphériques, soumis complètement aux actions météoriques et dans lesquels les mouvements des différentes couches de l'air se produisent presque sans obstacles. Ces espaces libres servent ainsi d'aspirateurs d'air aux voies qui y aboutissent et contribuent à la fois à y accélérer et à y régulariser la circulation aérienne. Quant aux parcs et squares, outre ce rôle de régulateur de la circulation de l'air, ils ont un rôle extrêmement important qui est de constituer des lieux de repos pour les adultes et de jeux, à l'abri du danger, pour les enfants.

Places de jeux pour enfants. On ne saurait trop les multiplier; chaque quartier d'une grande ville devrait posséder son square aussi étendu que possible, dans lequel seraient aménagées des places de jeux où les jeunes enfants, sous la surveillance de leurs mères ou même, comme cela se pratique en Angleterre et en Amérique, sous l'œil vigilant de gardiens ou de gardiennes choisis, pourraient, à l'abri de tous les dangers physiques et moraux de la rue, se livrer à leurs ébats.

Places de jeux pour jeunes gens et adultes. Les places de jeux pour jeunes gens et adultes ne sont pas moins nécessaires à l'hygiène de la ville moderne. L'emplacement peut sans inconvénients graves, en être choisi dans les quartiers périphériques, là où le terrain, moins cher, peut ne pas être mesuré aussi parcimonieusement. Il suffit que des moyens de transport faciles permettent de s'y rendre rapidement des divers points de la ville.

Aménagement des terrains de jeux. L'aménagement de ces terrains de jeux exige certaines précautions hygiéniques que l'on ne saurait négliger sans inconvénients.

Ceux qui sont réservés aux jeunes enfants doivent être clos, soustraits à la circulation générale. Les animaux, les chiens notamment, en seront proscrits. Un abri permettant à la population enfantine de se protéger contre une pluie ou un orage subits, y sera construit. Enfin le sol, sablé dans les parties où les enfants prennent leurs ébats, sera soigneusement entretenu et le sable renouvelé le plus souvent possible. Des water-closet, bien installés, y seront placés. On ne doit plus assister à ce spectacle que nous offrent nos rares squares actuels, d'enfants satisfaisant leurs besoins naturels sur le bord des chemins, souillant souvent de microbes dangereux le sol sur lequel viendront quelques instants après jouer d'autres enfants, et contribuant ainsi à propager les maladies les plus graves.

La place de jeux doit être, par sa disposition et sa discipline, l'initiatrice de l'éducation hygiénique qu'il est grand temps de se décider à donner enfin à la population française. Les places de jeux réservés aux jeunes gens et aux adultes comportent les mêmes précautions hygiéniques, mais il nous semble indispensable qu'elles soient en outre pourvues de bains-douches en quantité suffisante pour que la population qui les fréquente y trouve des moyens prompts et faciles de satisfaire aux règles de la propreté corporelle.

Les fêtes foraines. Une question qui intéresse au premier chef l'hygiène urbaine est celle de l'emplacement, de l'aménagement et de la tenue des fêtes foraines.

Puisque la fête foraine est devenue, dans notre civilisation, un besoin auquel on ne peut se soustraire, il faut au moins que la satisfaction de ce besoin ne puisse avoir sur la santé de la cité des répercussions fâcheuses.

Dans les villages et dans les petites villes, les fêtes foraines, généralement modestes, se tiennent sur la place principale. Quelques forains viennent remiser leurs roulottes dans les rues voisines de la place et dressent sur cette dernière leurs cirques, cinémas, bazars et autres lieux de plaisir. L'agglomération n'est pas très grande dans ces fêtes modestes, les causes de souillure et de contamination du sol de la fête et de ses environs sont assez réduites et l'on peut supposer à la rigueur que la santé générale de la ville ne sera que peu gravement affectée. Néanmoins il y a certaines précautions indispensables à prendre. On doit veiller à ce que les déjections des êtres humains et des animaux qui constituent le personnel de la fête, ne soient pas purement et simplement déposées sur le sol où elles pourraient devenir, les mouches aidant, l'origine d'épidémies graves.

L'autorité locale doit veiller à ce que les roulottes n'abritent pas de malades atteints d'affections contagieuses. Enfin il faut également s'assurer que tous les forains, leurs familles et leurs personnels sont vaccinés contre la variole depuis cinq ans au plus.

Quand il s'agit d'une ville importante, quand surtout il s'agit de très grandes villes comme Paris, Lyon, Marseille, Bordeaux, ces précautions doivent être appliquées avec une rigueur absolue et d'autres mesures encore sont nécessaires pour atténuer les dangers que ces réjouissances font courir à la santé publique.

On a l'habitude, dans nos grandes villes, de placer les fêtes foraines sur les voies principales de la cité. Ces voies, généralement plantées d'arbres, ont la plus grande partie de leur sol en simple terre battue.

L'attribution des places se fait par tirage au sort ou par adjudication au plus offrant. Il en résulte que les places ne sont pas données suivant la nature de l'industrie du forain et que l'on peut installer sur une surface en terre, une ménagerie, un cirque où toute autre industrie produisant des fumiers abondants qui souillent le sol sans qu'il soit possible de combattre ces souillures par des lavages convenables. La première mesure à prendre serait donc de déterminer à l'avance les emplacements réservés à chaque nature d'industrie, en prenant garde de n'affecter à celles qui produisent des déjections animales abondantes que des emplacements pourvus d'un revêtement imperméable, pavage, asphalte, pavé de bois, etc., permettant l'écoulement rapide des liquides à l'égout le plus voisin et en même temps donnant à l'exploitant la possibilité de procéder à des lavages de ses installations aussi copieux et aussi fréquents que cela sera nécessaire.

En second lieu, il faut parer à l'insuffisance ou même à l'inexistence dans les demeures roulantes des forains de tout water-closet si rudimentaire qu'il soit et installer sur le terrain de la fête, en quantité proportionné au nombre de ses habitants temporaires, des chalets de nécessité mobiles, tels qu'il en existe un ou deux utilisés dans certaines fêtes foraines parisiennes, mais dont il serait désirable de multiplier le nombre et de généraliser l'emploi. Enfin, plus que partout ailleurs, l'autorité sanitaire doit assurer avec une vigilance implacable le nettoiement, et au besoin la désinfection, du terrain occupé par la fête et l'enlèvement quotidien des fumiers et détritus de toute nature. Tous les dangers que fait courir à la santé publique la présence et la décomposition des détritus organiques sont décuplés sur le terrain d'une fête foraine par l'agglomération extrême des forains et l'entassement pendant plusieurs heures par jour, sur un même point, d'une foule excessive de visiteurs.

Dans mainte grande ville, on a vu naître, à la suite de fêtes de cette nature, des épidémies plus ou moins graves, qu'un peu de vigilance de la part des autorités et le souci des règles les plus élémentaires de l'hygiène auraient pu éviter.

CHAPITRE VIII

L'Eau

Utilité de l'eau dans la ville. La rue étant construite d'après les principes que nous venons de développer, possédant un revêtement convenable, des ruisseaux, des égouts bien aménagés, une orientation et une largeur convenables, ne répondrait pas encore aux données de l'hygiène si un autre élément de salubrité, un des plus importants, aussi important que l'air et la lumière, lui faisait défaut, je veux parler de l'eau.

Toutes ces matières solides et liquides que les égouts reçoivent, doivent être entraînées rapidement au loin.

Si les eaux usées, chargées de matières organiques éminemment putrescibles, vidanges, poussière, boues des rues, coulaient paresseusement sur le radier des égouts, elles y laisseraient des dépôts de vase qui iraient en s'accroissant sans cesse et constitueraient rapidement des foyers d'infection.

Les égouts doivent être continuellement lavés par des masses d'eau capables d'entraîner tous les détritus qui y sont à chaque instant déversés.

Pour obtenir ce résultat et quelque soit le genre de canalisation adopté pour drainer la ville, qu'il s'agisse de l'égout unique ou du système séparatif, on provoque à des intervalles variés, dans tous les conduits du réseau de puissantes chasses d'eau. Tout le long des canalisations et à des distances qui varient avec leur pente, se trouvent construits des réservoirs d'une capacité proportionnée à la section du conduit et qui se remplissent automatiquement. Au moyen d'un dispositif très simple, un siphon qui sert de déversoir, s'amorce de lui-même quand l'eau a atteint dans le réservoir un certain niveau et ce réservoir se vide presque instantanément en produisant sur le radier une chasse violente qui entraîne jusqu'au prochain réservoir, l'eau sale et les boues qui se sont déposées. Et cette opération se renouvelle, souvent plusieurs fois par 24 heures. Si l'on réfléchit que les réservoirs ont des capacités qui varient de quelques centaines à quelques milliers de litres, que la longueur des égouts de Paris, par exemple, dépasse 2.000 kilomètres, on se rend compte de l'énorme cube d'eau que nécessite l'entretien en bon état d'un réseau d'égouts.

Mais ce n'est là qu'une partie seulement des besoins auxquels doit parer l'approvisionnement en eau des villes.

Pour assurer la propreté des chaussées et des ruisseaux, les débarrasser des boues et des poussières, il faut y opérer des lavages fréquents; les canalisations intérieures des maisons, qui emportent à l'égout toutes les eaux et matières usées qu'elles produisent, ont besoin, comme les égouts d'être largement lavées et des chasses d'eau puissantes et fréquentes y sont nécessaires; la propreté des cours, des écuries et de toute la maison nécessite également une dépense d'eau considérable, enfin il est indispensable, et c'est là une des conditions les plus essentielles de l'hygiène urbaine, que l'alimentation des habitants soit assurée.

L'eau potable.   Or l'eau alimentaire doit être absolument pure.

Depuis les travaux de Pasteur et des savants de son école, on sait que l'eau sert de véhicule habituel à certaines maladies contagieuses graves. La fièvre typhoïde, le choléra, la dysenterie se transmettent par l'eau de boisson souillée de microbes provenant des déjections de malades.

L'eau des rivières, des lacs, des puits forés dans les agglomérations urbaines est exposée sans cesse à des souillures de toute sorte et ne peut être employée à l'alimentation humaine sans une épuration préalable.

Théoriquement, les eaux des puits artésiens, les eaux de source sont pures. Néanmoins on ne peut jamais répondre qu'elles ne peuvent avoir été en contact avec des eaux de surface souillées par des matières infectées de microbes pathogènes.

Toutes les eaux, à priori, doivent être considérées comme suspectes et n'entrer dans l'alimentation qu'après avoir été épurées.

L'eau pure.   Que doit-on entendre par de l'eau pure ? Les longues et minutieuses études qui ont été entreprises depuis un quart de siècle sur cette importante question, ont amené les hygiénitses aux conclusions suivantes pour les conditions que doit remplir une eau potable de bonne qualité.

L'eau potable doit être incolore par transparence; sous une épaisseur de plusieurs mètres, elle doit paraître bleue. Les eaux qui présent. une coloration verte ou jaune doivent être écartées. Elle doit être limpide, sans saveur ni odeur, et enfin fraîche, c'est-à-dire se tenir à une température qui varie de 7 à 15°. Ces qualités sont faciles à reconnaître par un simple examen.

Une bonne eau potable doit renfermer certains sels minéraux, nécessaires à la digestion et qui jouent dans la nutrition même un rôle important. Ce sont des sels de calcium, de magnésium et de silicium. Toutefois ces sels ne doivent pas dépasser des quantités déterminées, sinon ils communiqueraient à l'eau un goût désagréable et des propriétés spéciales.

L'eau potable ne doit contenir ni sulfate, ni acide sulfurique libre, ni ammoniaque, ni magnésie laxative, ni matière organique. Sa teneur en calcaire ne doit pas dépasser certaines proportions. Cette teneur en calcaire, sous la forme de carbonate de chaux très importante, constitue ce que l'on appelle le degré hydrotimétrique de l'eau. Un degré hydrotimétrique correspond à 5 milligr. de

chaux par litre et au-dessus de 30° hydroti-
métriques, l'eau devient impropre à l'alimentation.

Avant d'adopter une eau pour l'alimentation d'une ville, il est donc indispensable de
s'assurer, par des analyses répétées et soigneusement faites, que sa composition chimique est irréprochable.

Mais ce n'est pas tout, et la composition
chimique de l'eau, si importante qu'elle soit,
est peu de chose à côté de sa teneur en microbes.

L'eau contient en effet souvent des microbes, les uns inoffensifs, les autres des
plus dangereux. Quand une eau s'est trouvée
en contact avec des déjections de malades
atteints de typhoïde, de dysenterie, de choléra, par exemple, elle renferme des microbes et son ingestion peut amener chez
ceux qui la boivent l'éclosion de la maladie.
Rien autre que des analyses répétées ne peut
faire connaître au consommateur si une eau
est souillée ou bactériologiquement pure.

On voit que la pureté de l'eau alimentaire nécessite des précautions minutieuses.
Une eau, trouvée pure aujourd'hui, pourra,
si, en un point quelconque de son parcours,
des liquides ou matières souillés ont pu s'y
mélanger, devenir l'origine d'épidémies
meurtrières.

Nécessité d'épurer l'eau destinée à l'alimentation. Aussi on est arrivé à cette conclusion que, quelle que soit l'origine de l'eau amenée dans une ville, on ne saurait la distribuer aux habitants sans une épuration préalable.

Tout d'abord, les eaux qui ont d'autre origine que des sources profondes ou des puits artésiens, les eaux de rivières, de lacs, contiennent généralement des matières solides en suspension et ont besoin d'une filtration, avant tout emploi. Une fois filtrées, c'est-à-dire clarifiées, elles subissent avant leur distribution une stérilisation qui a pour but d'y détruire tous les germes pathogènes qui ont traversé le filtre, et seulement alors elles peuvent entrer dans la consommation.

Cette opération est coûteuse, elle nécessite des installations importantes et les procédés en sont des plus variés. Ils se classent en deux catégories : la stérilisation par les agents chimiques et la stérilisation par les agents physiques.

Stérilisation par les agents chimiques. Parmi les agents chimiques, le plus actif est le chlore, employé sous forme de chlorure de chaux, d'hypochlorite de soude, de ferrochlore, de chlore naissant. La dose de chlore doit être soigneusement contrôlée et l'excès de chlore détruit avant la mise en usage de l'eau stérilisée. On emploie généralement à ce dernier usage le bisulfite de soude.

D'autres substances peuvent être employées à la stérilisation de l'eau potable, notamment l'iode, le peroxyde de calcium, le permanganate de potassium; mais ils sont trop coûteux pour être utilisés en grand, et aucune ville, à notre connaissance, ne les emploie.

Stérilisation par les agents physiques. Les agents physiques qui sont employés à la stérilisation des eaux de boisson sont l'ozone et la lumière.

L'ozone est de l'oxygène condensée. Il jouit de propriétés oxydantes énergiques et est un des meilleurs bactéricides que l'on connaisse. Il est produit en abondance par le passage dans l'air de l'effluve électrique. Pour l'utiliser comme stérilisant, on construit des appareils dans lesquels l'air sous pression circule entre des plateaux de verre revêtus d'étain, entre lesquels passe constamment l'effluve électrique à haute tension. Puis l'eau, finement pulvérisée et l'air chargé d'ozone sont mélangés par des dispositifs convenables et l'eau qui sort des ozoneurs est absolument dépouillée de tout germe pathogène et notamment du bactérium coli. Ce procédé, employé à Paris, à Chartres, à Nice et dans de nombreuses villes étrangères, a donné partout les meilleurs résultats.

Le second agent physique que l'on a tenté d'employer à la stérilisation des eaux de boisson est la lumière. On sait que les rayons violets du spectre solaire et surtout les rayons ultra-violets peuvent être rangés parmi les plus puissants bactéricides connus. C'est surtout à l'action de ces rayons qu'est due l'auto-épuration des cours d'eau, dont jadis on ne s'expliquait pas le mécanisme. Les appareils destinés à utiliser cette propriété de la lumière sont des lampes en quartz fondu remplies de vapeur de mercure dans lesquelles ont fait passer des décharges électriques. Sous l'influence de ces décharges, la vapeur de mercure devient lumineuse et émet surtout de la lumière violette, riche en rayons ultra-violets. L'eau à stériliser circule autour de la lampe sous une faible épaisseur et sort de l'appareil complètement dépourvue de germes vivants. Ce système, employé dans certaines villes avant la guerre, notamment à Lunéville et à Magdebourg, présente un inconvénient grave.

Si l'eau à épurer n'est pas parfaitement limpide, si même, tout en paraissant limpide à l'œil, elle contient en suspension des matières colloïdales, les rayons stérilisateurs sont arrêtés et l'eau n'est pas ou est imparfaitement stérilisée.

Nous ne parlerons pas de la stérilisation par la chaleur, parce que son emploi en grand nécessite des dépenses tellement élevées qu'il est pratiquement inapplicable.

On le voit, il est possible de ne livrer à la consommation qu'une eau parfaitement inoffensive et les épidémies d'origine hydrique si meurtrières encore il y a peu d'années, ne devraient plus aujourd'hui pouvoir se propager dans des villes hygiéniquement bien outillées.

Double distribution d'eau dans la ville. — L'eau, avons-nous vu, a dans la ville une double destination. Elle sert à l'alimentation des habitants et doit alors être chimiquement et bactériologiquement pure. En second lieu, elle est employée au nettoiement de la ville : chasse dans les égouts, dans les water-closet des maisons; lavage des chaussées et des ruisseaux, des cours et des parties communes des maisons, etc., etc. Pour cette dernière destination il est bien évident que l'on n'a pas besoin d'eau bactériologiquement pure et qu'il paraît superflu de la stériliser avant d'en faire usage.

Dans certaines villes, à Paris notamment, il existe deux services distincts d'eau : un service d'eau potable, eau de sources et eau de rivière filtrée et stérilisée et un service d'eau de rivière brute destinée aux services publics et au nettoiement des canalisations intérieures et des parties communes des maisons. Deux jeux distincts de réservoirs, de canalisations publiques et privées sont, dans ce cas, indispensables et des précautions minutieuses doivent être prises pour qu'à aucun moment et en aucun point de leur parcours, les conduites d'eau potable et les autres ne puissent communiquer entre elles.

C'est la solution évidemment qui paraît la plus logique et la plus économique en même temps.

Pourtant, quand on l'étudie au point de vue de l'hygiène, cette solution présente de réels inconvénients et même de réels dangers.

Dans le service public, il est facile d'exercer un contrôle efficace pour empêcher que l'eau brute ne soit utilisée pour l'alimentation. Il n'en est plus de même dans le service privé. Quand on a établi dans une maison deux canalisations distinctes, l'une pour la distribution de l'eau potable, l'autre pour la distribution de l'eau brute destinée aux lavages, il est bien difficile d'empêcher qu'une erreur ou une négligence n'amène quelque habitant à puiser de l'eau brute pour sa consommation et celle de sa famille. De là souvent l'éclosion de maladies, la fièvre typhoïde en particulier, qui ne reconnaît pas d'autre cause.

D'un autre côté, comme en raison des frais élevés qu'entraîne la stérilisation de l'eau, l'eau potable coûte plus cher que l'eau brute, il peut arriver, et cela s'est mainte fois produit à Paris, que des propriétaires peu scrupuleux, pour alléger leur dépense de fourniture d'eau, aient établi des communications clandestines entre la canalisation d'eau brute et la canalisation d'eau potable, au grand détriment de la santé des habitants. Quand, comme à Paris, il existe dans les maisons une double canalisation, l'autorité compétente est obligée d'exercer une surveillance constante pour s'assurer que l'indépendance absolue des deux canalisations est rigoureusement respectée.

Aussi, en se plaçant au point de vue de l'hygiène, on doit éviter de donner à la négligence aussi bien qu'à la mauvaise foi des propriétaires ou des habitants, l'occasion de substituer l'eau brute à l'eau potable et ne pas admettre dans les maisons l'accès de l'eau non potable. Une seule eau, dont la qualité sera irréprochable doit être mise à la disposition des habitants pour tous les usages domestiques. L'usage de l'eau brute sera réservé aux services publics.

Quelque soit le système adopté pour la fourniture de l'eau nécessaire aux besoins de la cité; qu'il s'agisse d'une même eau pour tous les services, public ou privé, ou que l'administration municipale ait admis deux qualités d'eau, des dispositions doivent être prises pour que cette eau puisse parvenir sans arrêt dans tous les points de la ville et jusqu'aux étages les plus élevés des maisons. C'est là un principe absolu, dont la non application ou l'application incomplète serait des plus préjudiciables à la santé publique. L'eau partout, en abondance, dans la rue et jusque dans les parties les plus reculées de la maison est un élément indispensable de la salubrité de la cité.

CHAPITRE IX

La Maison

La maison. Nous venons de voir les multiples précautions qui s'imposent pour que la rue, ce premier élément de la ville, ne devienne pas pour les habitants une cause de maladie et de mort, pour qu'elle leur assure un air pur et le bénéfice de l'action de la lumière solaire.

Le second élément de la ville, la maison, n'exige pas une moindre attention, et son rôle vis-à-vis de la santé des habitants est encore plus important que celui de la rue.

Dans nos sociétés modernes, où l'homme s'est créé une existence artificielle, la demeure, le logement joue un rôle considérable. Il ne sert plus seulement d'abri pour protéger l'être humain contre la pluie, le soleil, le froid ou le vent, mais il est le théâtre où se déroulent la plupart des actes de la vie. C'est dans la maison que l'homme travaille, qu'il prend ses repas, ses récréations, son repos; c'est là que s'écoule la plus grande partie de son existence. La maison est devenue dans notre société, surtout dans les villes, petites ou grandes, le milieu habituel dans lequel nous vivons : la vie au dehors, au grand air, n'est plus qu'un accident.

Ce milieu factice, avec son climat et son atmosphère artificiels, devait forcément avoir une influence marquée sur la santé de ceux qui y séjournent et l'expérience a démontré qu'il en est ainsi. Dans ce milieu, en effet, les causes de viciation de l'air, qui sont les mêmes que dans la rue, sont d'autant plus graves qu'il s'agit d'un milieu clos. Aussi les précautions que nous avons énumérées pour assurer le renouvellement de l'air de la rue doivent être complétées par d'autres mesures destinées à leur permettre de produire tout leur effet.

Les rues étant construites et orientées d'après les règles que nous avons tracées plus haut, comment doivent être construites et aménagées les maisons pour ne pas perdre le bénéfice de cette installation hygiénique des rues ?

Dans la plupart des villes, les maisons sont construites à l'alignement de la voie publique, accolées les unes aux autres par leurs murs latéraux et forment le long de la rue une façade continue dans laquelle sont percées les ouvertures, portes et fenêtres qui donnent accès à l'intérieur ou permettent à l'air et à la lumière de pénétrer dans les logements.

Les précautions convenables ayant été prises pour assurer la pureté de l'air et la bonne orientation de la rue, les chambres dont les fenêtres s'ouvrent sur la façade peuvent s'y approvisionner d'air pur et bénéficier de l'insolation.

Les cours. Mais les maisons présentent à peu près toujours une double épaisseur de chambres et la rangée qui se trouve en arrière des pièces de façade doit s'aérer et s'éclairer d'une autre manière.

C'est un espace libre intérieur, la cour, qui doit remplir vis-à-vis de ces chambres, le rôle que remplit la rue vis-à-vis des autres.

Souvent même des corps de bâtiments tout entiers, construits sur des terrains de grande profondeur n'ont d'autre source d'air et de lumière que ces espaces intérieurs, ces cours. Toutes les remarques que nous avons faites à propos des moyens d'assurer la pureté de l'air de la rue et son rôle dans la distribution de la lumière solaire, sont également vraies pour les cours.

Le sol doit en être imperméable, les pentes réglées de manière à assurer aux eaux un écoulement facile et régulier. La stagnation de l'eau dans les cours présenterait, on le conçoit sans peine, des dangers au moins aussi graves pour la santé des habitants que la stagnation de l'eau sur le sol de la rue. Comme la rue, la cour doit être pourvue d'une canalisation recevant les eaux qui coulent à sa surface et les conduisant à l'égout public.

De même toutes les dispositions doivent être prises pour en éloigner rapidement les matières usées dont elles sont, dans beaucoup de cas, forcément le réceptacle. Les fumiers, les ordures ménagères, doivent forcément séjourner dans les cours avant d'être enlevés et transportés au loin. Nous verrons les précautions qu'il convient de prendre pour assurer leur innocuité.

Dans les cours, plus encore que dans les rues, il faut d'abord assurer la circulation et le renouvellement constants de l'air. Les cours qui sont actuellement tolérées dans la plupart des villes françaises et surtout à Paris, ne répondent nullement à ce désidératum. A Paris, notamment, on peut éclairer et aérer des bâtiments de 6 étages, d'une hauteur de 18 mètres, sur des cours fermées de tous côtés, ayant une surface de 60 m^2 avec une largeur qui peut n'être que de 6 mètres. Ce sont de véritables puits, dans lesquels l'air reste stagnant et où la lumière solaire ne peut pénétrer au plus que dans les locaux situés dans les 3 derniers étages de la maison.

La première condition pour que l'air circule dans une cour, c'est que cette cour soit ouverte à deux de ses extrémités opposées. Les raisons qui ont dicté cette disposition pour les rues ont la même valeur et même une importance encore plus grande quand il s'agit des cours.

Quant à leurs dimensions, il n'existe aucune raison plausible pour qu'elles diffèrent de celles qui sont reconnues indispensables pour les rues. Si l'on admet que pour assurer l'aération et surtout l'ensoleillement des locaux ouvrant sur la rue, il faut donner à cette dernière une largeur qui ne soit pas inférieure à la hauteur des maisons qui la bordent, il n'y a aucune raison pour que la cour, pour aérer et ensoleiller les chambres qu'elle dessert, puisse avoir des dimensions moindres.

La disposition idéale, celle que l'on doit réaliser chaque fois que cela est possible, est donc de créer, en arrière des bâtiments sur rue, dans les villes où les maisons à plusieurs étages sont agglomérées, une seconde rue intérieure formée par toutes les cours desservant ces maisons, parallèle à la voie publique, ouverte à ses deux extrémités et présentant une largeur égale à la hauteur des maisons les plus élevées de la rue.

Il est bien certain que ce principe soulèvera de la part des constructeurs une opposition irréductible. Il entraîne en effet un véritable bouleversement des habitudes prises et enracinées par une accoutumance séculaire. Les constructeurs modernes se sont attachés à trouver les dispositions qui laissent le moins possible de terrain improductif. Leur objectif est et a été depuis longtemps de faire tenir le plus grand nombre d'êtres humains possible sur une surface donnée et naturellement de réduire la surface des cours, terrain sacrifié, à sa plus simple expression. Il n'est pas rare en effet de voir, dans les grandes villes et surtout à Paris, élever une maison de 6 ou même 7 étages sur un terrain de 100 ou 150 mètres carrés, parce que la cour peut être réduite, si le propriétaire voisin consent à signer un contrat de cour commune, à 25 mètres superficiels. Avec le régime que nous préconisons, de tels terrains seraient inutilisables pour y construire des maisons de rapport.

Mais cette considération, qui peut avoir une valeur économique sérieuse, ne saurait prévaloir contre l'obligation de protéger la santé publique. Parmi ceux qui ont étudié sans parti-pris l'influence que ces puits sans air et sans lumière que l'on baptise du nom de cours, exercent sur la santé des malheureux dont les logements y ouvrent leurs fenêtres, il n'en est pas un seul qui ne soit persuadé que ce mode de bâtir a plus fait pour la dégénérescence de la race et la propagation de la tuberculose que toutes les autres causes que l'on invoque.

Quoiqu'il en soit, il est indispensable que tous les logements d'une ville, ceux qui sont situés sur cour aussi bien que ceux qui sont situés sur rue, puissent être approvisionnés d'air pur sans cesse renouvelé et recevoir l'action bienfaisante du soleil. Toute disposition des bâtiments qui réalisera ce double objectif sera la bienvenue. Par exemple, nous voyons dans certains quartiers, les vieux quartiers, des maisons formées de trois corps de bâtiments construits sur trois des côtés d'une cour largement ouverte sur la rue et qui permet aux logements de se ventiler et de s'éclairer convenablement. C'est aux architectes à appliquer le principe que nous avons posé, en imaginant la distribution des bâtiments qui, dans chaque cas particulier, permet, tout en respectant ce principe, l'utilisation la plus avantageuse, au point de vue économique, du terrain qu'ils ont à leur disposition.

Toujours par suite de cette tendance à utiliser intensivement le terrain, on a imaginé d'éclairer et d'aérer certains locaux par des cours de dimensions encore plus exiguës que l'on a baptisé du nom de courettes. Ce sont des sortes de puits dont la profondeur varie, mais qui, à Paris, pour une profondeur de 20 mètres peuvent n'avoir qu'une surface de 8 mètres avec une largeur minimum de 1 m. 90. Ces courettes sont destinées à aérer et éclairer les water-closet, les escaliers, les couloirs ou les antichambres. Au dernier étage des maisons, les chambres servant à l'habitation peuvent prendre jour sur de telles courettes.

Les courettes constituent une véritable hérésie hygiénique. Tous les locaux d'une maison doivent prendre jour et air sur une rue ou sur une cour convenable.

Les différents genres de maisons d'habitation. A la campagne et dans beaucoup de petites villes, une maison abrite une seule famille. Dans certains pays et notamment en Angleterre ce système est la règle. Mais dans les villes françaises et surtout les grandes villes, où l'espace est mesuré et le terrain cher, une maison renferme plusieurs familles réparties dans les différents étages, et le système des maisons collectives est à peu près le seul que l'on connaisse et que l'on pratique.

Le système de la petite maison habitée par une seule famille est sans contredit le système idéal. L'intimité familiale y est plus complète, l'homme s'y sent plus chez lui. Au point de vue purement hygiénique c'est également la maison individuelle qui réunit les conditions les plus favorables. Non seulement elle évite l'entassement des êtres humains les uns sur les autres avec tous les dangers physiques et moraux qui en découlent, mais elle évite de faire des rues ce qu'elles sont chez nous, des fossés profonds où l'air et la lumière rencontrent de multiples obstacles pour remplir le rôle bienfaisant que la nature leur avait dévolu. Des rues bordées de maisons élevées de un ou ou deux étages seront bien plus facilement accessibles à la lumière solaire; l'air y circulera à peu près sans obstacles. D'un autre côté, les cours qui aèrent et éclairent les façades postérieures pourront, avec des dimensions réduites, et surtout si l'on applique le système des cours ouvertes, procurer aux habitants le maximum d'aération et d'ensoleillement dans les locaux situés même aux étages inférieurs de la maison.

Mais c'est là une disposition à peu près irréalisable dans les vieilles villes. Les conditions économiques créées par les errements suivis depuis des siècles, y ont donné aux terrains des valeurs excessives. De plus, les populations ont pris l'habitude d'habiter des maisons collectives, dans lesquelles elles trouvent certains avantages incontestables dont elles ne peuvent ou plutôt ne veulent plus se passer. A notre époque, où tout le monde, riches ou travailleurs, voyage beaucoup, il est infiniment commode de pouvoir abandonner son logement pendant quelques jours ou quelques mois, avec la certitude que ce logement sera gardé. D'autre part, dans beaucoup de ces maisons modernes, le locataire est déchargé du souci d'assurer l'éclairage, la fourniture de l'eau et même le chauffage du logement, le propriétaire se chargeant de tout cela. Aussi les maisons collectives seront longtemps encore la règle et la maison individuelle l'exception, au moins à l'intérieur des agglomérations urbaines de quelque importance.

Que la maison soit individuelle ou collective, elle se compose essentiellement de deux parties : une partie souterraine en totalité ou partiellement, caves et sous-sols; et une partie située au-dessus du sol, rez-de-chaussée et étages.

Caves et sous-sols. Les parties souterraines, caves et sous-sols, servent à emmagasiner les matières et denrées encombrantes ou qui exigent, pour leur conservation, une température fraîche et à peu près constante, comme les denrées alimentaires, le vin, la bière, le cidre et aussi le bois et le charbon nécessaires au chauffage. On y place également les compteurs à eau; on y fait passer les canalisations diverses qui desservent la maison; on y installe enfin certains services généraux, tels que calorifères, buanderies, etc.

Tel est l'usage normal des caves et des sous-sols. Mais, au point de vue de l'hygiène, ils remplissent un autre rôle des plus importants, celui d'isoler du sol les locaux d'habitation du rez-de-chaussée et de les soustraire au moins en partie aux effets nuisibles de l'humidité.

L'humidité des murs. Il existe d'une façon constante deux sources d'humidité qui peuvent compromettre la salubrité des maisons.

La première, celle qui nous occupe tout d'abord, est le sol sur lequel est construite la maison. L'eau contenue dans le sol monte par capillarité dans les pierres qui forment le mur de fondation et finit par les imprégner et leur communiquer une humidité permanente qui gagne de proche en proche le mur situé au-dessus du sol jusqu'à une hauteur qui est fonction à la fois du degré d'humidité du sol, du degré de porosité des matériaux du mur, et de l'action que peuvent exercer sur la surface du mur et les rayons du soleil et le renouvellement plus ou moins actif de l'air ambiant. Il semble donc tout d'abord qu'il faille assécher autant que possible le terrain dans lequel sont assises les fondations de la maison. Dans les villes pourvues d'égouts bien construits et des canalisations extérieures et intérieures qui résultent de leur utilisation rationnelle, le sol, à moins qu'il ne présente des conditions particulières d'humidité, est suffisamment asséché pour que l'eau qu'il contient se trouve réduite dans toute la mesure possible. Les canalisations multiples posées dans le sol, y produisent un drainage véritable qui ramène les eaux le long des conduits de ces canalisations et leur assure tout le long de leurs parois une condensation qui se fait sentir à une distance considérable de ces conduits. Néanmoins, il est prudent d'employer pour les murs de fondation des matériaux aussi peu poreux que possible, la meulière par exemple, et de les élever à une certaine hauteur au-dessus de la surface du sol contigu.

Il n'est pas toujours possible de se procurer, sans frais excessifs, des matériaux de cette nature. Dans beaucoup de pays on doit se servir des matériaux locaux et ces matériaux, moëllons de diverses sortes, grès, etc., sont poreux et absorbent facilement l'eau. Dans ce cas on a recours à divers procédés pour arrêter l'ascension de l'eau dans les murs. Entre le mur de fondation et le mur en élévation, on interpose une couche de matières isolantes, bitume, béton, ou même feuille de plomb. On obtient ainsi, dans beaucoup de cas, des résultats appréciables.

Un procédé qui paraît appelé à remplacer les autres et qui a donné dans des cas qui paraissaient désespérés des résultats remarquables est celui qui a été imaginé par un ingénieur belge, M. Knapen.

Ce procédé qui a été employé avec succès pour assécher d'une façon définitive les murs de maisons ou de monuments affectés d'une humidité jusqu'alors incurable, a été baptisé par son auteur du nom de « siphonnage atmosphérique monobranche à circulation automatique continue ».

Il consiste à ménager dans la paroi à traiter une ouverture circulaire d'un diamètre que l'expérience a amené à fixer de 0 m. 023 à 0 m. 036 de diamètre, disposée obliquement de bas en haut et de dehors en dedans selon un angle donné et pénétrant dans le mur jusqu'à la moitié de son épaisseur. Ces ouvertures, placées à 25 ou 30 centimètres au-dessus du sol, sont espacées de 40 à 50 centimètres. L'air pénètre dans ces ouvertures et se charge de vapeur d'eau. Refroidi au contact du mur humide, il s'alourdit et redescend pour s'échapper au dehors et être remplacé par de l'air plus chaud. Il s'établit ainsi dans l'épaisseur du mur une ventilation permanente qui finit en très peu de temps par l'assécher complètement.

L'application de ce procédé a été faite à de

nombreux édifices tant en France qu'à l'étranger. Nous citerons : le palais royal de Bruxelles; la chapelle de Ste-Marie l'Egyptienne à Saint-Merri (Paris); le Palais d'Orsay (Paris); l'église de Vyve-Chapelle, près Bruges; le Palais de Versailles, etc. Partout les résultats ont été inespérés et des murs qui depuis des années étaient affectés d'une humidité qu'aucun des moyens employés n'avait pu faire disparaître ont été complètement asséchés. Si nous nous sommes un peu étendus sur ce mode d'assainissement des murs, c'est qu'il peut être employé partout, même à titre préventif. En construisant une maison, on peut installer dans ses murs à quelque distance au-dessus du sol les siphons Knapen et on protégera la construction et les habitants des effets désastreux de l'humidité des mur provenant du sol.

Usage des caves et sous-sols. Les locaux souterrains des maisons doivent, pour pouvoir servir utilement, remplir certaines conditions impérieuses qui exigent que les dispositions en soient soigneusement étudiées.

Tout d'abord, ils doivent être secs. Une atmosphère humide serait éminemment nuisible à la conservation des denrées alimentaires que l'on y entreposerait, tout en contribuant à augmenter l'humidité des murs.

Nous venons de voir les précautions propres à supprimer l'humidité provenant du sol même. L'humidité produite par la condensation de la vapeur d'eau sur les murs doit également être combattue. Il faut, pour y réussir, que les locaux soient largement ventilés. Des caves mal aérées ne tardent pas à devenir un foyer d'infection pour la maison entière et les matières alimentaires que l'on y dépose s'y altèrent rapidement en dégageant des émanations tout au moins désagréables.

Enfin les caves ne doivent contenir aucune installation capable de vicier l'air. Les canalisations de toute nature qui les traversent seront établies avec soin et vérifiées souvent. L'établissement de cabinets d'aisances, de vidoirs dans les caves est une pratique dangereuse à laquelle il faut absolument renoncer.

Enfin dans les maisons où existe un appareil de chauffage central la partie de la cave dans laquelle le calorifère est installé doit être complètement isolée. Aucune communication avec les autres parties n'en doit exister et la cave du calorifère doit, plus encore que les autres, être en relation directe avec l'air extérieur. Nous ne parlerons pas ici des fosses d'aisance situées en cave. C'est une installation barbare, reste des vieux errements des âges anciens et qui, dans la ville moderne où les vidanges sont éloignées au fur et à mesure de leur production, n'a plus aucune raison d'être.

Les sous-sols doivent de leur côté retenir notre attention. Dans le but de gagner de la place, beaucoup de constructeurs en font un usage que réprouve la saine application des lois de l'hygiène.

Dans les maisons individuelles, on y place souvent les cuisines; quelquefois même des chambres de domestiques.

Dans les maisons collectives des grandes villes, on y installe des ateliers, des cuisines pour les boutiquiers et même des chambres à coucher pour les concierges. La loge proprement dite constitue alors l'habitation de jour du concierge et le sous-sol l'habitation de nuit.

Ces pratiques sont des plus dangereuses. Mal éclairé, mal ventilé, quelles que soient les précautions prises, servant de réceptacle à toutes les poussières de la rue ou de la cour, le sous-sol est encore exposé à voir son atmosphère souillée par les gaz qui se produisent dans le sol et qui filtrent à travers les murs.

Dans les grandes villes, les fuites de gaz

d'éclairage, les gaz qui se dégagent des eaux d'égout et des terres imprégnées par les infiltrations des liquides des fosses d'aisances, viennent se mêler à l'air des sous-sols. Ce sont en somme des habitations désastreuses pour la santé de ceux qui les habitent, que ce soit de jour ou de nuit. L'habitation, soit comme logement, soit comme atelier ou magasin en doit être absolument interdite. Ils ne peuvent servir que de resserres à marchandises.

Rez-de-chaussée et étages. Dans les parties de la maison situées au-dessus du sol se trouvent les locaux servant à l'habitation. Le logement a pour première fonction de mettre l'habitant à l'abri des intempéries. Dans son logement, l'homme est rarement en action. S'il y travaille, il se livre en général à un travail qui n'exige pas un déploiement de force important. Il y est, par là-même, plus facilement affecté par les changements de température. Des murs trop minces, trop bons conducteurs de la chaleur, subordonnent trop étroitement la température de la pièce à la température extérieure. Si le temps se refroidit au dehors, la température intérieure subit rapidement une baisse correspondante. En été, au contraire, la température de la chambre devient rapidement insupportable. L'habitant soumis à ces écarts brusques de température ne peut qu'en être défavorablement affecté.

Les parois de l'habitation doivent donc contribuer à maintenir, à l'intérieur des locaux habités, une température sensiblement constante, résultat que l'on ne peut obtenir qu'en employant des matériaux mauvais conducteurs de la chaleur et sous une épaisseur suffisante. Les meilleurs matériaux de construction sont ceux qui sont suffisamment poreux pour pouvoir être pénétrés par l'air, qui constitue, au point de vue thermique, la matière isolante de choix. Le moëllon, la pierre de taille, la brique bien cuite, donnent à ce point de vue toute satisfaction. Il existe d'ailleurs des matériaux de construction de toute nature, naturels et artificiels qui sont excellents; nous ne les énumérerons pas ici, laissant au constructeur le soin de choisir ceux dont la nature de la construction, les conditions climatériques dans lesquelles il se trouve et les disponibilités locales lui dictent l'emploi.

La seule considération qui domine toutes les autres, c'est que les matériaux choisis, employés sous une épaisseur pratique, soient de nature à maintenir à l'intérieur de la maison un état thermique aussi constant que possible, et mette l'habitant à l'abri des écarts brusques de température.

Nous le répétons, l'homme, dans nos villes, vit lui et sa famille dans son logement. Il y accomplit tous les actes de son existence; il y prépare ses aliments, y prend ses repas, y dépose tous les déchets de la vie organique, s'y livre souvent au travail qui le fait vivre, y dort.

Diverses parties du logement. Il en résulte que l'habitation a dû être divisée en différents compartiments spécialisés chacun pour un usage déterminé et dont les dispositions et l'aménagement doivent correspondre à cet usage. Le bien-être de l'habitant est d'autant mieux assuré que la spécialisation des pièces du logis est plus rigoureusement respectée. Un logement répondant aux véritables données de l'hygiène, devra comprendre : une ou plusieurs chambres à coucher; une pièce destinée à la préparation des aliments, ou cuisine; une pièce destinée à prendre les repas, ou salle à manger; une pièce rigoureusement distincte pour recevoir les résidus de la vie organique, ou cabinet d'aisances. D'une autre côté, tant pour pouvoir assurer la propreté des chambres que pour la commodité des habitants, il est nécessaire que chaque pièce communique d'une façon indépendante avec la porte d'entrée de la maison; de là l'obligation de disposer ces pièces autour d'une pièce spéciale ou antichambre, de créer des couloirs ou dégagements divers pour en assurer l'indépendance.

Le logement normal se composera donc d'une entrée ou antichambre, d'une cuisine, d'une salle à manger, d'une ou plusieurs chambres à coucher. Il sera loisible, si les ressources de l'occupant le permettent, d'ajouter à ces pièces essentielles, une chambre destinée à recevoir les visiteurs et suivant la profession du locataire une chambre desnée au travail : cabinet de travail ou atelier. Ces dernières chambres, d'ailleurs, devront remplir les mêmes conditions hygiéniques que les autres.

L'air qui contient 1 litre d'acide carbonique par mètre cube commence à devenir malsain. Il faut que l'air d'une chambre habitée soit renouvelé avant que cette proportion soit atteinte. Il est donc indispensable que l'air ne se vicie pas trop rapidement et n'atteigne pas en un temps trop court le degré de saturation d'acide carbonique qui le rend impropre à la respiration.

Les chambres habitées doivent avoir des dimensions minima qui répondent à ce besoin. On admet généralement que les chambres livrées à l'habitation doivent avoir un cube minimum de 25 à 30 m³, avec une hauteur sous plafond de 2 m. 80 au rez-de-chaussée et de 2 m. 60 dans les autres étages. En une heure, en effet, en admettant même que l'air ne s'y renouvelle pas, la teneur en acide carbonique de l'air de la pièce n'atteindrait pas le taux de 1 pour 1.000 à partir de laquelle on estime que cet air commence à devenir dangereux.

Aération des chambres. — Pour faciliter le renouvellement de l'air et surtout pour laisser pénétrer dans les chambres la lumière solaire, chaque pièce doit être pourvue d'une ou de plusieurs fenêtres. Dans les chambres carrées ou en forme de parallélogrammes, la fenêtre, s'il n'en existe qu'une, doit être placée sur la partie médiane d'un des côtés. Sa surface doit être, d'après Emile Trélat, le quart de celle de la paroi dans laquelle elle est percée; elle doit atteindre à peu de choses près le plafond et descendre le plus près possible du plancher. A Paris, le dernier règlement sanitaire, du 22 juin 1904, exige que les baies éclairant une chambre habitée aient une superficie au moins égale au sixième du sol de la chambre, c'est-à-dire qu'une chambre d'une surface de 9 m² doit avoir une fenêtre d'une surface d'au moins 1 m² 50. C'est là un minimum qui est, dans la pratique, heureusement souvent dépassé.

La nécessité d'ouvrir la fenêtre dans la partie médiane de la paroi s'explique par l'intérêt qu'il y a à répandre la lumière aussi également que possible dans toutes les parties de la chambre. Placée près d'un angle, elle laisserait dans l'ombre une partie importante de la pièce. Quelle que soit d'ailleurs la forme de la chambre, la fenêtre doit être disposée de manière à y assurer la répartition aussi égale que possible de la lumière solaire.

Cette disposition permet également d'établir plus facilement périodiquement dans la chambre les chasses d'air indispensables pour entraîner au dehors les gaz stagnants qui s'accumulent dans les coins et entretiennent, si on ne les expulse pas, une cause permanente de viciation de l'atmosphère.

Les fenêtres dites à tabatière ne remplissent que d'une façon très imparfaite le rôle qui leur est dévolu. Ces lucarnes, en effet, percées dans le plafond, ne reçoivent que la lumièr zénithale, c'est-à-dire une lumière diffuse, qui ne jouit que très imparfaitement des propriétés assainissantes de la lumière directe. La difficulté de les manœuvrer oblige à ne leur donner que des dimensions réduites et à diminuer dans de notables proportions la quantité de lumière qui pénètre dans la pièce. En outre, on ne peut les ouvrir que par le beau temps. Quand il pleut, quand il neige, on est forcé de les tenir hermétiquement closes.

Pour répondre au rôle qu'elles doivent remplir, les fenêtres doivent être verticales.

Pour obtenir un bon éclairage, il faut que la chambre n'ait pas une profondeur exagérée. Emile Trélat, en tenant compte de la marche des rayons solaires et de la distribution de la lumière diffuse, pose en principe qu'une chambre ne doit pas avoir une profondeur supérieure à une fois et demi sa hauteur.

L'air vicié par le séjour des habitants doit pouvoir être sans cesse évacué au dehors et remplacé par de l'air pur. La fenêtre joue dans ce renouvellement de l'air un rôle important, mais qui ne saurait suffire à la solution du problème. Dans les chambres qui sont pourvues d'une cheminée bien construite, le renouvellement de l'air intérieur peut à la rigueur être considéré comme suffisamment assuré. Les portes et les fenêtres ne joignant jamais hermétiquement, il se fait par toutes ces fissures un mouvement aérien constant que facilite et régularise la cheminée qui sert, dans ce cas, de conduit d'évacuation de l'air vicié. Mais dans les constructions modernes, les architectes utilisent de plus en plus le chauffage central des habitations et, par mesure d'économie, n'hésitent pas à supprimer les cheminées. Dans ce cas, il est indispensable de suppléer à l'absence de ces dernières par un système quelconque assurant la ventilation des chambres.

Ce problème a été résolu d'une façon satisfaisante par l'ingénieur belge Knapen auquel on doit des inventions des plus intéressantes pour l'assainissement des habitations. Son système qu'il a baptisé du nom « d'aération différentielle horizontale automatique » consiste à percer les murs opposés des chambres d'ouvertures calculées d'après le cube des pièces et placées à 3 hauteurs différentes : près du plancher, à mi-hauteur et près du plafond. Il s'établit dans toute l'étendue de la maison un mouvement permanent de l'atmosphère qui se déplace en raison des différences de température et par suite de la densité des différentes couches ainsi que des différences de même ordre entre l'air extérieur et l'air intérieur, et le résultat de ce mouvement, démontré par de nombreuses expériences, est l'évacuation automatique de l'air vicié et son remplacement par de l'air neuf, sans secousses, sans heurts, d'une façon insensible pour l'habitant.

Bien entendu, l'installation de ce système ne peut être faite au hasard. Il faut qu'elle soit combinée avec soin en tenant compte de l'orientation, du cube, de la composition même des logements. Quand il est appliqué convenablement il donne des résultats parfaits et démontre que l'aération permanente et complète des locaux habités peut être assurée d'une façon pratique et hygiénique.

Appareils de chauffage et d'éclairage. Parmi les organes de la maison qui ont une influence des plus marquées sur la pureté de l'air des locaux habités, nous devons signaler au premier rang les appareils de chauffage et dans une certaine mesure, suivant la matière employée, les appareils d'éclairage.

Les combustibles, en brûlant, produisent de la vapeur d'eau, de l'acide carbonique et des gaz variés dont quelques-uns, comme l'hydrogène sulfuré, l'acide sulfureux et surtout l'oxyde de carbone sont des plus toxiques. Un bon appareil de chauffage se compose essentiellement d'un foyer et d'un conduit ou

tuyau conduisant à l'extérieur les produits
de '.. combustion.

Dans les maisons modernes, les conduits
de fumée sont quelquefois construits en
briques. C'est là un mode exceptionnel. En
général ils sont formés de segments de
tuyaux en poterie dont les parois ont 0 m. 05
d'épaisseur et qui s'assemblent les uns aux
autres par des joints mastiqués au plâtre.
Leur section est, en général, de 0 m. 22 sur
0 m. 22, quand ils sont rectangulaires, ce qui
est le cas le plus fréquent, et les angles en
sont arrondis. Ils sont engagés dans l'épaisseur des murs dont ils font partie intégrante,
et chaque conduit doit être séparé du conduit voisin par un espace de 0 m. 08 au
moins. En réalité, dès le 3ᵉ étage, ils forment
une partie importante du mur puisqu'ils oc-
cupent un espace qui n'a pas moins de
0 m. 90 à 1 m. 80 de largeur, suivant qu'il
s'agit d'une seule série de conduits comme
dans les murs qui délimitent une seule série
de logements ou de deux séries de conduits,
comme dans la plupart des murs de refend.
Et cette emprise sur la maçonnerie pleine
du mur va en augmentant d'une largeur de
0 m. 30 à 0 m. 60 par étage.

Les tassements qui se produisent dans
toute construction se font sentir d'une façon inégale dans les parties de mur en ma-

çonnerie pleine et dans celles qui sont formées par les poteries constituant les tuyaux de fumée. Celles-ci, moins résistantes que les autres parties des murs, se fendent, et ces fentes, souvent invisibles à l'extérieur, mettent en communication entre eux les différents conduits et ces conduits avec les pièces qu'ils traversent. Il en résulte que, si pour une raison quelconque, telle que ralentissement de la combustion ou refoulement des gaz par le vent dans l'intérieur des conduits, l'ascension des gaz y est ralentie, ceux-ci suivent le plus court chemin pour s'échapper et empruntant la voie des fissures qu'ils rencontrent sur leur route, pénètrent dans les chambres. Or 1/100.000° d'oxyde de carbone est déjà dangereux à respirer, 1/2000° est mortel. Il y a donc un danger réel que l'on ne peut conjurer que par une construction très soignée des conduits de fumée et surtout en exerçant une surveillance constante pour s'assurer de l'intégrité de leurs parois.

On comprend dès lors les dangers redoutables des conduits unitaires. On appelle de ce nom un tuyau de fumée qui, partant du rez-de-chaussée et montant jusqu'au sommet de la maison, reçoit à chaque étage le tuyau de raccordement d'un ou deux foyers. Un même tuyau peut servir ainsi à évacuer les gaz de la combustion de 12 à 14 foyers. Malgré les trappes qui, théoriquement, permettent d'isoler chaque appareil du conduit général, cette disposition qui exagère à l'extrême tous les dangers que peut présenter l'envahissement des chambres par l'oxyde de carbone, doit être absolument prohibée. En fait, les règlements d'hygiène en défendent à peu près partout l'adoption. Mais comme, il y a une cinquantaine d'années, ils ont été fort à la mode et qu'ils pourraient le redevenir, il nous a paru utile d'en signaler les dangers.

Les appareils de chauffage sont de types extrêmement variés ; les uns, comme les cheminées ou les poêles utilisent directement le combustible dans la pièce même qu'ils sont destinés à chauffer ; les autres, les calorifères, emploient le combustible dans un endroit situé en dehors des chambres à chauffer et transmettent à ces chambres la chaleur par l'intermédiaire de l'air, de l'eau ou de la vapeur. Nous ne nous étendrons pas sur les différents systèmes de chauffage employés dans les maisons modernes, il nous suffira de déterminer les conditions qu'ils doivent remplir pour ne pas être une source de dommage pour la santé des habitants.

Tous doivent être disposés de telle sorte

que les gaz de la combustion soient suffisamment chauds pour s'élever sans difficulté et avec une vitesse régulière dans les
conduits de fumée. Les poêles à combustion
lente sont, à ce point de vue, particulièrement défectueux et leur emploi ne peut être
admis qu'à la condiion de prendre des pre-
cautions minutieuses pour en assurer le
tirage. Les foyers doivent être munis de
ventouses qui prennent l'air au dehors et
l'amènent sous le combustible en ignition,
de façon à régulariser le tirage de l'appareil et à empêcher les refoulements de fumée. Enfin le foyer doit être proportionné
au cube de la pièce à chauffer. Un appareil
trop faible brûle du combustible inutile-
ment, un appareil trop puissant échauffe et
dessèche outre mesure l'atmosphère de la
pièce. Dans les deux cas, l'habitant souffre
et sa santé peut être altérée par le séjour
prolongé dans une chambre trop ou trop
peu chauffée.

Nous devons cependant dire quelques
mots d'un mode de chauffage encore très
employé et qui pourtant présente des dangers tels que l'hygiène urbaine devrait en
proscrire l'emploi partout et dans tous les
bâtiments ; nous voulons parler du chauffage
central par les calorifères à air chaud.

Calorifères à air chaud. Le calorifère à air chaud se compose essentiellement d'un foyer placé dans la cave et composé généralement d'une cloche en fonte dont le conduit de fumée se replie plusieurs fois sur lui-même et est garni d'ailettes pour en augmenter la surface. Ce foyer et la partie du conduit de fumée repliée sur elle-même sont enfermés dans une chambre en maçonnerie, dite chambre à air, qui communique avec l'air extérieur par un conduit spécial à grande section qui s'ouvre le plus souvent dans un cour, un peu au-dessus du sol. De cette chambre à air partent des conduits en poterie qui la mettent en communicaion avec les chambres à chauffer.

Quand le foyer est allumé, l'air de la chambre à air s'échauffe au contact de la cloche et du conduit de fumée et, par les conduits de chaleur se répand dans les chambres. La température de la chambre à air atteint des hauteurs excessives, les particules solides, les poussières sont brûlées au contact de la cloche et dégagent des gaz malodorants. Les parois de la cloche et des tuyaux de fumée portées au rouge, laissent passer de l'oxyde de carbone et l'appareil ne déverse dans les chambres qu'un mélange de produits odorants désagréables, d'oxyde de carbone et d'air qui constitue un milieu respirable des plus dangereux. Enfin, quand même l'appareil fonctionnerait d'une façon irréprochable, il présenterait toujours une tare irrémédiable, c'est de placer l'habitant dans une atmosphère d'air chaud et desséché dont l'action sur les poumons est détestable. Le chauffage d'une chambre doit réaliser un double objectif : placer l'habitant dans un milieu dont la température se rapproche de la moyenne des climats tempérés, ce qui s'obtient par le rayonnement d'une cheminée, d'un poêle ou d'un radiateur bien construits, et fournir en même temps à ses poumons de l'air pur, à une température fraîche.

On se sert pour le chauffage de combustibles autres que le bois et le charbon. On emploie les combustibles liquides, pétroles, alcool, etc., ainsi que les combustibles gazeux, surtout le gaz d'éclairage.

Tous doivent être employés dans les mêmes conditions. Pour tous, la première condition des appareils dans lesquels on les utilise est d'assurer l'évacuation san obstacles des produits de la combustion.

L'éclairage artificiel des édifices de toute sorte ne laisse pas que de préoccuper l'hygiéniste. Le gaz d'éclairage ne peut être employé dans les locaux fermés sans des précautions très sévères. Outre qu'il est par lui-même toxique et que toute négligence, tout robinet laissé ouvert par mégarde peut causer aux habitants de graves malaises et même, surtout la nuit, entraîner leur mort rapide, la combustion en doit être aussi complète que possible et les chambres dans lesquelles on l'utilise doivent plus encore que toutes les autres posséder un système de ventilation permanent. Du gaz dans les chambres où l'on couche exige une surveillance constante des appareils et dans les villes où l'on utilise le gaz à l'eau qui contient jusqu'à 50 % d'oxyde de carbone, je n'hésite pas à déclarer que la plus vulgaire prudence conseille de ne pas éclairer au gaz les chambres à coucher.

Quand les progrès de l'industrie, l'utilisation rationnelle des forces naturelles, houille blanche, houille bleue, etc., auront permis de distribuer l'électricité à bon marché, le chauffage et l'éclairage électriques se généraliseront bien vite. Ce sera là un des plus grands progrès que fera l'hygiène urbaine en supprimant radicalement les dangers que font courir à la santé des citadins les systèmes les plus perfectionnés, aujourd'hui en usage, pour le chauffage et l'éclairage de nos habitations. Ce temps, espérons-le, n'est pas trop lointain et les jeunes générations actuelles jouiront sans doute des avantages de cette transformation.

Évacuation des eaux usées et des vidanges. Le souci d'assurer la pureté de l'air de la maison entraîne certaines dispositions propres à assurer à l'intérieur des édiflces de toute sorte l'évacuation rapide à l'égout des eaux et matières usées, notamment des vidanges. Le point de départ de ces matières est, dans les maisons d'habitation, la cuisine, le cabinet de toilette et le cabinet d'aisances. En raison même de la destination de ces pièces, toutes les conditions d'aération, d'éclairage naturel et de ventilation que l'hygiène urbaine exige dans les chambres livrées à l'habitation, leur sont intégralement et plus impérieusement applicables.

Mais en outre elles doivent être reliées directement à l'égout par une canalisation spéciale et en même temps pourvues d'eau en abondance pour assurer leur propreté et le lavage fréquent des conduits d'évacuation. Toutes les entrées d'eau, éviers des cuisines, cuvettes de toilette ou sièges des cabinets d'aisances doivent être munis d'un dispositif empêchant d'une façon absolue le reflux dans les chambres des gaz et odeurs provenant de l'égoût. Un seul dispositif permet d'obtenir .ce résultat, c'est le siphon. Toute pierre d'évier, toute cuvette de toilette et tout siège de cabinet d'aisances doit donc êre muni d'un siphon. Il a été reconnu par expérience que la plongée de ce siphon ne devait pas avoir une hauteur de moins de 0 m. 05. Dans les w.-c. munis de sièges siphonés, il est nécessaire de munir ces appareils de réservoirs de chasse qui assurent l'entraînement rapide et immédiat des matières à l'égout. Les entrées d'eau des cours doivent également être munies de siphons. Mais en outre les tuyaux de descente qui mènent à la canalisation de la maison les eaux usées et les vidanges doivent, si l'on veut éviter tout reflux des gaz de l'égoût et assurer dans toute la canalisation un écoulement facile des liquides, ces tuyaux de descente doivent être prolongés jusqu'au dessus du toit de la maison où ils seront librement ouverts.

Quant aux canalisations destinées à recevoir toutes ces eaux et .matières usées et à les conduire à l'égout public, elles doivent être établies sans coudes. Si elles changent de direction, le changement doit se faire par une courbe, à rayon aussi grand que possible, les raccordements des divers éléments de cette canalisation seront assurés également par des sections courbes. La pente de la canalisation sera de 0 m. 03 par mètre au moins. Enfin, les tuyaux de descente des w.-c., des eaux usées et des chéneaux ou gouttières recueillant les eaux pluviales doivent être distincts les uns des autres et être visibles dans toute leur longueur.

Nous renvoyons pour les détails de ces installations au règlement sanitaire de la ville de Paris qui, à ce point de vue est parfait.

Dépendances de l'habitation. Les dépendances de l'habitation, écuries, étables, buanderies, qui existent en grand nombre dans les villes, appellent également l'attention de l'hygiéniste. Source permanente de gaz et d'émanations de toute sorte, réceptacles de matières et de liquides éminemment putrescibles, elles ont besoin, pour ne pas être nuisibles, d'être établies et employées avec des soins minutieux. Ventilation permanente, draînage constant des eaux usées (purins, eaux de lavage, etc.), lavages répétés et abondants leur sont plus qu'à toutes les autres parties de la maison, indispensables.

Les fumiers qui doivent être enlevés tous les jours, seront, en attendant l'enlèvement, déposés sur des aires étanches, d'où les liquides peuvent s'écouler sans obstacle dans la canalisation générale de la maison par un orifice siphoné. Des mesures minutieuses seront prises pour empêcher la pullulation des mouches. On comprend d'après tout cela qu'il est impossible d'admettre, comme on le voit trop souvent, l'établissement d'écuries en sous-sol.

Quelles que soient les précautions prises, de telles écuries empoisonnent d'une façon permanente l'air de la maison entière. Les animaux souffrent dans ces locaux tout autant que les êtres humains, ils sont plus accessibles aux maladies et aux parasites dont quelques-uns peuvent se transmettre à l'homme, et il y a là encore une menace supplémentaire pour la santé des habitants.

Entretien des maisons. L'hygiène urbaine ne se borne pas seulement à fixer les conditions que doivent remplir les constructeurs pour assurer aux maisons qu'ils édifient le maximum de salubrité. Elle doit envisager les mesures propres à conserver cette salubrité. L'entretien des maisons et des logements joue vis-à-vis de la santé des habitants un rôle presque aussi important que leurs dispositions et leur aménagement même. Les administrations qui ont la charge d'assurer la protection de la santé publique ont besoin d'être sans cesse tenues au courant des modifications survenues dans l'aménagement et l'état de toutes les maisons de la ville.

C'est à cet objet que répond le casier sanitaire des maisons.

Nous prendrons comme type de cet organisme sanitaire le Casier sanitaire des maisons de Paris qui compte aujourd'hui 25 ans d'existence ininterrompue et qui a démontré les services immenses qu'une pareille institution peut rendre à la santé publique.

Le casier sanitaire des maisons. C'est en 1893 que M. Poubelle, préfet de la Seine décida la création d'un Casier sanitaire des maisons de Paris et que le Conseil municipal, sur un rapport très étudié de M. Escudier, aujourd'hui député, adopta les propositions de l'Administration. Dès le 1er janvier 1894, les travaux nécessaires furent entrepris et depuis cette époque n'ont jamais été interrompus, même par la guerre terrible que nous venons de traverser.

Chaque maison de Paris a son dossier, son casier sanitaire. Le casier d'une maison se compose d'une chemise en papier fort portant le nom de la rue et le numéro de la maison.

Cette chemise sur laquelle est reporté le plan par terre de la maison contient un certain nombre de feuilles destinées à recevoir les indications utiles à son histoire sanitaire.

1° Une feuille de description de la maison, sur laquelle figurent ses dimensions, celles des cours et courettes, la nature de leur sol, les systèmes de drainage et de vidange, le nombre des logements par étage, les industries ou commerces exercés dans l'immeuble, la date de sa construction, le nombre des habitants ;

2° Une feuille de statistique démographique et sanitaire contenant à leur date tous les décès par maladies transmissibles et notamment par tuberculose pulmonaire qui y sont survenus et, depuis le mois d'août 1906, les décès par cancer ;

3° Une feuille indiquant, à leur date et avec leur cause, les désinfections opérées dans la maison par le service municipal ;

4° Une feuille indiquant les interventions des services d'hygiène, les travaux prescrits et la date de leur achèvement.

Toutes les descriptions de maisons sont faites sur place. La première description commencée le 1ᵉʳ janvier 1894 était terminée en 1900 et depuis cette époque les descriptions sont révisées périodiquement. La durée de cette révision pour l'ensemble de la ville est d'environ 4 ans. Quand une maison est démolie, le dossier, frappé d'un timbre spécial, est conservé à sa place ; un nouveau dossier est constitué pour la maison neuve qui remplacera l'ancienne. On peut ainsi au bout de quelques années, juger si la demeure construite suivant la formule actuelle est ou non supérieure hygiéniquement à celle qu'elle a remplacée.

Il est facile de voir que cette archive permanente contient au bout de quelques années une documentation considérable qui va sans cesse croissant. Chaque maison possède ainsi son journal sanitaire et il est possible d'y suivre les fluctuations des maladies transmissibles et de les rapprocher des transformations successives que l'immeuble a subies.

C'est grâce au Casier sanitaire des maisons que la lutte contre la tuberculose a pu être orientée et poursuivie à Paris avec un succès que nous osons qualifier d'inespéré.

En 1905, onze ans après les débuts du Casier sanitaire, le dépouillement de tous les dossiers permit de reconnaître que la mortalité tuberculeuse se répartissait d'une façon très inégale dans les immeubles parisiens.

101.406 décès se répartissaient dans 39.477 maisons. Sur ce chiffre 38.009, soit environ 38 % se groupaient dans 5.263 maisons dont 4.448 avaient compté au moins 6 décès et 820 un minimum de 11. L'Administration considérant que les maisons de ces deux derniers groupes devaient être regardées comme suspectes y fit procéder à des enquêtes suivies de prescriptions d'assainissement dont l'exécution fut poursuivie sur les propriétaires en application de la loi du 15 février 1902 sur la protection de la santé publique.

De 1906 à 1917, ces maisons ont été à peu près toutes assainies. La tare qui les distinguait des autres était la présence dans presque toutes d'un nombre exagéré de chambres sans air et sans lumière. Sur 283.994 pièces, habitées par 313.391 personnes, 13.000 furent trouvées sans air et complètement dépourvues de lumière.

Le travail d'assainissement de ces maisons qui consistait surtout à faire disparaître ces chambres obscures ou du moins à remédier aux conditions dangereuses dans lesquelles elles se trouvaient, fut commencé en octobre 1906.

Dès 1909 et au fur et à mesure que ces travaux se poursuivent, la mortalité tuberculeuse baisse régulièrement. La mortalité dans les maisons assainies a diminué régulièrement et tend de plus en plus à se rapprocher de la mortalité moyenne de la ville entière. De 8,12 pour 1.000 habitant qu'elle était entre 1894 et 1905, elle est tombée à 4,76 pour 1.000 habitant en 1917. Quant à la mortalité générale, elle a depuis 1908 baissé sans interruption et en 1917, le nombre total des décès était inférieur de 19,70 % à celui de 1908.

On voit combien peut être utile un pareil organisme.

Les études qu'il a permis de faire sur la tuberculose et l'orientation qu'il a permis de donner à la lutte contre le terrible mal ne sont pas les seuls services que l'on puisse en attendre. Depuis 1906, il contribue aux recherches poursuivies par les savants sur l'étiologie du cancer et les renseignements qu'il leur a déjà fournis sont de la plus haute importance. C'est du reste en utilisant les éléments précis d'étude qu'il fournit en matière d'hygiène de l'habitation qu'ont été élaborés les lois et les règlements d'hygiène sociale qui sont intervenus depuis 20 ans.

C'est également en s'appuyant sur les données du Casier sanitaire qu'ont été déterminés les grands travaux de voirie qui doivent assurer l'assainissement méthodique de Paris, ainsi que leur ordre d'urgence.

Nous avons tenu, dans ce rapide tableau des multiples obligations de l'hygiène urbaine, à donner une place à cet instrument puissant de la lutte contre le logis insalubre qui constitue un des plus redoutables problèmes et des plus difficiles à résoudre qui se posent devant l'hygiéniste.

Locaux à usage collectif. Nous ne nous étendrons pas sur l'hygiène des édifices destinés à recevoir des assemblées plus ou moins nombreuses, tels que théâtres, églises, administrations publiques, etc., etc.

Toutes les règles que nous avons énumérées comme applicables aux logis particuliers pour en assurer la salubrité, leur sont également applicables. Il faut y assurer le renouvellement incessant de l'air, une température aussi constante que possible et le libre accès de la lumière solaire. Au risque de passer pour un utopiste, nous persistons à penser que les édifices comme les théâtres par exemple, pourraient sans nuire à leur esthétique non plus qu'aux qualités spéciales qu'on en attend, être construits de telle sorte que pendant le jour, les rayons du soleil puissent y entrer et venir y jouer leur rôle d'assainisseur souverain. Dans des locaux où pendant plusieurs heures, des foules compactes s'entassent et déposent tous les germes morbides qu'elles colportent avec elles, cette action de la lumière est encore plus utile qu'ailleurs. Là aussi, dans tous ces édifices consacrés à la foule, le mobilier, les tentures doivent être réfractaires à la poussière et les moyens de combattre cette dernière doivent être placés au premier rang des préoccupations du constructeur et de l'exploitant.

Quant à l'emplacement que l'hygiène urbaine pourrait assigner dans la ville à ces édifices collectifs, rien n'est de nature à le distinguer de celui que peut occuper une maison quelconque. Ils n'ont par eux-mêmes rien qui puisse en bien ou en mal affecter la salubrité du voisinage.

Nous avons jusqu'ici supposé que le tout à l'égout existait dans la ville, parce que c'est le seul système qui permette un assainissement sûr et complet.

Nous devons dire quelques mots des divers moyens d'évacuation des eaux usées et des matières de vidanges autres que le tout à l'égout.

Ces systèmes de vidange sont la fosse fixe, la fosse mobile, et enfin la fosse septique.

Dans le cas où il n'existe encore dans la ville aucun système d'égout, on en est réduit à conserver les fosses fixes ou les fosses mobiles.

Les fosses fixes, à la condition qu'elles soient étanches, bien ventilées, que la pierre d'extraction soit placée à l'air libre et qu'il existe dans le pays une entreprise de vidanges bien outillée, disposant de tonnes permettant la vidange pneumatique et d'une usine pour le traitement rationnel des matières, peuvent à la rigueur être admises sans dommage pour la santé publique. La conservation des fosses mobiles peut également être tolérée dans les mêmes circonstances et aux mêmes conditions. Dans les villes où il existe un réseau d'égouts déjà ancien, qui n'est pas aménagé pour recevoir les matières de vidanges, c'est-à-dire dont les pentes et l'alimentation en eau de lavage sont insuffisantes pour entraîner rapidement au loin les liquides qu'ils reçoivent, on pourra utiliser les fosses septiques, dont l'affluent se déversera dans ces égouts.

Mais il est bien entendu que, dans ce dernier cas, les eaux d'égout additionnées des liquides provenant des fosses septiques devront être épurées sur des champs d'épandage avant d'être rejetées dans les cours d'eau.

Les fosses septiques, d'un autre côté, ne pourront être admises qu'à la condition d'être construites et entretenues convenablement. Elles doivent comporter deux parties distinctes : la fosse septique proprement dite dans laquelle les eaux usées et les vidanges sont reçues et subissent le travail microbien qui assure la dissolution des matières organiques; l'appareil d'épuration dans lequel ces liquides, au sortir du premier compartiment, passent à travers des couches de matières poreuses ou lits bactériens, dans lesquels un nouveau travail bactérien assure l'oxydation des matières organiques et la destruction des microbes pathogènes.

Toute disposition qui ne réalise pas cette double action est à rejeter. L'envoi de l'effluent des fosses septiques dans des puisards absorbants a pour résultat l'infection des nappes d'eau souterraines et ne saurait en quelque circonstance que ce soit, être admis.

Ces systèmes d'évacuation des vidanges ne sont d'ailleurs que des expédients qui ne se justifient que comme des moyens de fortune permettant d'attendre le seul mode rationnel et conforme aux lois de l'hygiène, qui est celui de l'envoi direct à l'égout, que l'égout soit unique ou que l'on ait adopté le système séparatif.

Si nous nous sommes un peu étendu sur l'hygiène de la maison, c'est qu'elle joue dans la conservation de la santé des citadins un rôle prépondérant aussi bien au moral qu'au physique. On peut affirmer que le logement sain, clair et gai constitue le plus puissant protecteur de la famille, de la morale, de la dignité de l'homme.

CHAPITRE X

Ecoles — Hôpitaux et Hospices — Crèches

Les écoles. — Emplacement de l'école. — Nombre
des élèves. — Spécialisation de l'école. — La
maison de tous. — Hôpitaux et hospices. —
Crèches.

Les Ecoles. Les considérations que
nous avons développés dans
les chapitres précédents démontrent jusqu'à
l'évidence la nécessité de modifier profondément les errements suivis jusqu'ici dans
la construction des écoles, des hôpitaux et
des hospices.

L'école, qu'il s'agisse de l'école primaire,
du Lycée, ou des écoles d'enseignement su-
périeur, exige tout d'abord pour permettre
son utilisation rationnelle et ne pas mettre
en danger la santé de ceux qui la fréquentent, d'être éloignée des voies de grande circulation. La poussière des rues, le bruit et
les trépidations causés par le passage des

voitures, sont des inconvénients graves qui ont une répercussion fâcheuse, sur la santé des enfants et des maîtres, en même temps qu'elles sont un obstacle au travail des écoliers. Dans nos grandes villes où le terrain est cher, où la densité de la population est extrême, les Municipalités ont pris la regrettable habitude de construire des groupes scolaires énormes, où la population enfantine est entassée par centaines, offrant ainsi les meilleures dispositions pour la diffusion des épidémies.

A Paris, notamment, et dans les grandes communes de la banlieue, il n'est pas rare de rencontrer des groupes scolaires contenant jusqu'à 1.500 élèves des deux sexes, empilés dans des bâtiments de deux ou trois étages, élevés en bordure de rues à circulation active et où, par suite du bruit et de la poussière, il est absolument impossible, même par les étés les plus chauds, d'ouvrir les fenêtres des classes pendant les leçons.

Plus encore que l'adulte, l'enfant a besoin d'air pur, et est sensible aux agressions des microbes de toute sorte contenus dans les poussières des rues ; il est aussi plus profondément affecté par le bruit et les trépidations prolongées que lui renvoie le pavé des rues secoué par la circulation d'innombrables véhicules.

Emplacement de l'école. L'idéal serait, et c'est un idéal relativement facile à réaliser, l'idéal serait de construire les écoles dans des voies écartées, de les placer au centre d'une place située en dehors de tout courant de circulation. Au lieu d'élever les bâtiments en bordure de la rue, on les établira au centre de l'espace consacré à l'école, séparés des rues avoisinantes par les cours de récréation.

Les rues entourant l'école sur ses quatre faces seraient larges, et des servitudes spéciales ne permettraient d'y construire que des maisons de peu de hauteur.

Avec ces dispositions, il serait facile d'orienter les bâtiments scolaires de manière à leur assurer le bénéfice de l'ensoleillement. En outre il serait possible, en été, de faire les classes toutes fenêtres ouvertes, et si l'on ne réalisait pas ainsi tout-à-fait l'école de plein air, si favorable aux enfants débiles, du moins s'en approcherait-on dans des limites très appréciables.

Cette manière de comprendre l'école est réalisable partout. Dans les vieilles villes, il est toujours possible de trouver un îlot de maisons situé en dehors de toute circulation importante et cela quelque soit soit le quartier. L'achat du terrain n'entraînera pas, dans le cas où il est bien choisi, de dépenses supplémentaires. Bien au contraire l'expropriation des immeubles nécessaires à la création d'un groupe scolaire sera toujours moins coûteuse dans les quartiers à faible circulation que le long des rues importantes. Les considérations financières que l'on invoque toujours pour justifier les errements actuels n'ont donc aucune valeur sérieuse, il suffit de vouloir pour créer, sans dépenses excessives, des écoles répondant aux desiderata de la science hygiénique.

Dans les cités reconstruites, aucune raison ne peut être invoquée pour ne pas s'y conformer.

Nombre des élèves. Enfin, on devra restreindre le plus possible l'agglomération, aujourd'hui exagérée des enfants dans les groupes scolaires. Il existe dans notre arsenal de lois, de règlements et de circulaires, un document qui reste à peu près lettre morte, sans doute parce qu'il est marqué au coin du bon sens. C'est la circulaire ministérielle de juillet 1887 sur les constructions scolaires.

Aux termes de cette circulaire, on ne doit édifier une école que sur un terrain représentant au moins une surface de 10 mètres carrés par élève, et le nombre total des enfants pouvant fréquenter un groupe scolaire ne peut dépasser 750, répartis entre l'école de garçons, l'école de filles et l'école maternelle.

Cette circulaire est fort sage et il est triste de constater qu'elle est considérée par les Municipalités des grandes villes comme inexistante. Il nous semble qu'après l'effroyable saignée que vient de subir notre pays, le devoir impérieux qui s'impose aux autorités de tout ordre est de travailler à la reconstitution de notre race et rien de ce qui peut contribuer à protéger et à consolider la santé de nos enfants ne peut, sans crime, être négligé.

L'école salubre, baignée d'air et de lumière, est le plus puissant facteur de reconstitution de la race. Il faut rompre avec ces errements funestes qui font de la plupart des écoles des grandes villes de véritables usines de dégénérescence de nos enfants et pour cela, les placer dans un milieu sain et les disposer suivant les règles de l'hygiène moderne. Nous ne nous étendrons pas sur l'aménagement intérieur des écoles. Les règles qui doivent y présider sont les mêmes que celles qui régissent l'hygiène des autres locaux d'habitation. Mais ils doivent encore être pour les enfants une leçon de choses permanente et leur donner des habitudes hygiéniques dont, jusqu'ici on ne paraît avoir nul souci. Dans l'intérêt de cette éducation et surtout dans l'intérêt bien entendu de la santé des enfants, les water-closet doivent être irréprochables et irréprochablement tenus. Toute école digne de ce nom doit être pourvue de bains-douches permettant à tous les enfants d'y passer au moins tous les quinze jours et de prendre ainsi l'habitude de donner à la propreté corporelle toute l'importance qu'elle mérite.

Dans cet aménagement de l'école intervient un facteur particulier, c'est l'agglomération dans un même local d'un grand nombre d'enfants, qui entraîne nécessairement des mesures spéciales pour empêcher la viciation de l'air des classes et en assurer le renouvellement. On admet généralement chez nous que les classes doivent avoir une hauteur minima sous plafond de 4 mètres et que la surface réservée à chaque écolier doit y être de 1 m² 25. Ces dimensions peuvent paraître suffisantes ; mais c'est à la condition expresse que la classe soit pourvue d'un système de ventilation permanente qui y assure l'évacuation automatique de l'air vicié et son remplacement continu par de l'air neuf. Jusqu'ici, ce problème n'a pas été résolu d'une façon satisfaisante et quand on pénètre dans une classe occupée déjà depuis une ou deux heures, on est saisi désagréablement par l'odeur particulière qui s'en dégage et la sensation pénible qu'on y éprouve en respirant un air d'une pureté plus que douteuse.

L'usage de vitres perforées, de carreaux Castaing, trop rarement employés, remédie dans une certaine mesure à ce grave inconvénient.. Le système de l'ingénieur Knapen paraît jusqu'ici, d'après les expériences faites dans certaines écoles de Belgique, le plus commode et le plus pratique.

En tout cas, il appartient aux techniciens de résoudre ce problème; il est de la plus haute importance pour la santé des enfants et l'on ne peut admettre, dans l'état actuel de nos connaissances en hygiène, qu'il soit permis d'enfermer plusieurs heures chaque jour des jeunes enfants dans des classes dont l'atmosphère n'est pas maintenue assez pure pour ne pas altérer leur santé.

L'école doit être exclusivement réservée aux écoliers. Dans toutes les villes françaises, c'est dans les salles d'écoles que se tiennent toutes les assemblées nécessitées par la vie sociale et politique du pays. Réunions de sociétés de toute sorte, réunions publique en temps d'élection, ou chaque fois que les élus veulent se mettre en contact avec leurs électeurs, toutes empruntent pour tenir leurs assises, généralement nocturnes, les préaux et même les classes des écoles publiques.

Pendant plusieurs heures, une foule compacte, crache, tousse, fume dans ces salles. Le lendemain, après une désinfection sommaire, quand encore il y a désinfection, les enfants reprennent possession de leur classe ou de leurs préaux, exposés à tous les dangers que peuvent leur faire courir les innombrables microbes qui y ont été déposés et qu'une désinfection hâtive est loin d'avoir tous détruits.

C'est là une pratique déplorable et à laquelle il faut absolument renoncer. L'école local à tout faire, doit enfin faire place à l'école seulement école. Les assemblées qu'un abus intolérable y autorise à chaque instant se tiendront autre part. Ce n'est pas au moment où le pays, saigné à blanc, a besoin de se refaire une population saine et forte que l'on doit perpétuer des errements dont le plus clair résultat est de créer une menace permanente contre la santé de nos enfants.

La maison de tous. Dans toute ville, dans tout bourg, dans tout village, comme aussi dans chaque quartier des grandes villes, il devrait exister un édifice qui libère les écoles de la sujétion qu'un long abus leur a jusqu'ici imposé. Qu'on l'appelle « maison commune », « maison de tous » cet édifice est un des éléments indispensables d'une démocratie organisée comme aussi une institution indispensable à l'hygiène de la ville. Un tel édifice, comportant toutes les installations sanitaires, pourrait servir de centre intellectuel et social à la population du quartier, de la ville ou du village. Il comprendrait une bibliothèque, une ou plusieurs salles de conversation et de récréation et enfin une salle de réunion dont les dimensions seraient proportionnées à la population de la ville ou du quartier et qui pourrait être aménagée suivant les indications les plus rigoureuses de l'hygiène moderne. Elevée de plafond, éclairée largement par de vastes baies, elle aurait son sol et ses murs revêtus de matériaux imperméables avec les angles arrondis, permettant après chaque séance un lavage complet. Le mobilier simple et également lavable, une installation permettant d'y faire des projections en complèteraient l'outillage. Des conférences instructives ou récréatives y trouveraient un local toujours prêt et les citoyens en mal de politique, un forum clos et couvert où ils pourraient, sans danger pour personne, donner libre cours à leur éloquence.

Il y aurait là une réforme qui sans doute n'irait pas sans dépenses. Mais les réformes ne se font jamais au rabais et celle-ci, par la répercussion énorme qu'elle aurait sur l'hygiène de la ville mérite d'être entreprise sans délai.

Hôpitaux et Hospices. Plus encore que les écoles, les établissements hospitaliers, hospices et hôpitaux de toute sorte doivent être isolés des courants de grande circulation. C'est dans les quartiers périphériques de la cité, au milieu de vastes jardins qu'ils doivent être construits. Là seulement les malades, les vieillards, pourront y rencontrer le calme et le repos indispensables à leur guérison et à leur bien-être, ainsi que l'air pur et la lumière intégrale dont leurs organes malades ou fatigués ont un besoin absolu.

La construction rationnelle des hôpitaux a fait dans ces dernières années des progrès considérables. Depuis l'ouverture de l'Hôpital Pasteur, on a construit à Paris de nombreux hôpitaux, la nouvelle Pitié, l'hôpital Cochin, etc. Tous sont à peu près parfaits et s'ils étaient suffisamment isolés des rues qui les entourent, pourraient servir de modèles. Ce qui justifie leur installation à l'intérieur de la ville, c'est le besoin qu'ont les parents des malades de venir les voir chaque semaine et quelquefois plus souvent. L'administration a voulu rendre aussi facile que possible ce contact entre ceux qui souffrent et les êtres qui leur sont chers. Mais on obtiendrait le même résultat en répartissant les hôpitaux tout autour de la ville et en les dotant de moyens de transport rapides et à bon marché permettant d'y accéder facilement de tous les points de la région que chacun d'eux doit desservir.

Dans cette rapide énumération des établissements destinés à l'enfance, à la vieillesse ou à la maladie, nous devons comprendre les crèches.

Crèches. A notre époque de travail intense, la mère de famille elle-même est souvent, si regrettable que cela soit, obligée d'aller travailler dans un atelier la plupart du temps éloigné de son domicile. Si elle élève un enfant en bas-âge, elle est dans la nécessité de le mettre en garde pendant sa journée de labeur. Jadis elle le confiait, moyennant une rétribution modique, à une voisine qui le gardait dans son logement, exposé à toutes les influences délétères du taudis, et de l'ab-

sence presque absolue de soins éclairés. La
mortalité infantile effroyable que l'on a cons-
tatée dans les villes pendant tout le cours du
19ᵉ siècle recevait de cette façon d'agir un
accroissement sensible. Les crèches ont re-
médié dans une certaine mesure à cette situation. Elle se multiplient tous les jours et
les services qu'elles rendent sont déjà considérables. Les précautions qu'il convient de
prendre pour assurer aux enfants qui sont
soignés à la crèche le bénéfice d'un air pur
et de l'action bienfaisante de la lumière solaire sont sensiblement les mêmes que celles
qui sont exigées pour l'école. Il faut qu'elles
soient construites loin des rues de grande
circulation, dans une région de la ville
exempte de bruit et de poussière. Leur place
naturelle est aux côtés des groupes scolaires
compris comme nous l'avons indiqué plus
haut.

Dans notre conception, le groupe scolaire
complet, établi suivant les données de l'hygiène urbaine, comprendrait une crèche, une
école maternelle, une école de garçons et une
école de filles. Les mères de famille pourraient, avant de se rendre à leur travail, conduire en un seul voyage leurs enfants de
tout âge à la crèche et à l'école. Ce serait une
économie de temps et de fatigue appréciable
pour des femmes souvent obligées à un dur

labeur. Cette règle pourrait souffrir des exceptions, mais seulement dans des cas nettement déterminés. Dans les usines qui emploient plusieurs centaines d'ouvrières et qui sont situées dans les quartiers excentriques et souvent en dehors même de l'agglomération urbaine, il y aura quelquefois intérêt à placer la crèche à proximité de ces usines, pour que les mères qui nourrissent elles-mêmes leurs enfants, puissent venir les allaiter une ou deux fois par jour sans être astreintes à un déplacement excessif.

Dans ce cas, des précautions particulières devront être prises pour éviter que la proximité des usines, le bruit et les émanations diverses qu'elles produisent, ne fassent sentir leur influence à l'intérieur de la crèche. Les dispositions locales, la direction des vents dominants, le tracé des voies de communication dicteront dans chaque cas les mesures à prendre à cet effet.

CHAPITRE XI

Halles et Marchés — Magasins de vente des denrées alimentaires

Vente des denrées alimentaires. — Marchés couverts. — Marchés forains. — Conservation des denrées. — Boutiques de vente. — Halles centrales. — Spécialisation des pavillons des halles. — Aménagement des halles centrales. — Resserres d'animaux vivants. — Transport des denrées. — Surveillance des denrées alimentaires.

Vente des denrées alimentaires. Les conditions dans lesquelles s'effectuent la vente et la conservation des denrées alimentaires ont une influence considérable sur la santé des habitants d'une ville, et, à ce titre, l'hygiène urbaine ne saurait s'en désintéresser.

Un grand nombre de denrées alimentaires sont rapidement altérées et l'ingestion de denrées altérées peut amener chez les consommateurs des maladies graves et même provoquer des accidents mortels.

Il est donc indispensable que les lieux et les locaux dans lesquels se conservent et se débitent les denrées alimentaires périssables soient aménagés en vue de prévenir leur altération rapide et en même temps d'empêcher qu'ils ne deviennent pour le voisinage une cause grave d'incommodité.

Les lieux de vente des denrées de cette nature sont de deux sortes : les halles et les marchés et les boutiques installées dans les maisons.

Marchés couverts. Ls marchés, dans nos villes françaises, sont de deux types différents : les marchés couverts et les marchés découverts ou marchés forains. Les marchés couverts sont en général permanents. Ils sont installés dans de vastes hangars fermés par des murs et des baies d'aération et d'éclairage aussi larges que possible, généralement pourvues de fermeture en lames de verre disposées comme des lames de persiennes. La toiture en est à claire-voie, garnie de lanterneaux qui en assurent la ventilation permanente.

Le sol en est dallé et, dans ceux qui sont installés convenablement, soigneusement drainé par des canalisations qui entraînent rapidement à l'égout public toutes les eaux usées qui en proviennent. A l'intérieur de ce hangar, les étalages des marchands, les places, sont pourvus d'un matériel spécial qui est souvent parfaitement conçu : tables de marbre, ustensiles métalliques et même, appareils de conservation, tels que glacières. Dans ces marchés, dont les titulaires de places sont de véritables commerçants, on vend à peu près toutes les denrées alimentaires : viandes, volailles, poissons, beurre œufs, et fromages, légumes et fruits frais. Ce sont des installations éminemment recommandables au point de vue hygiénique.

Ils permettent un entretien constant et tout défaut de propreté y est immédiatement visible. La surveillance de la qualité des denrées mises en vente y est des plus faciles. Isolés de toute habitation, ces marchés ne peuvent causer aux habitants aucune gêne, aucune incommodité et surtout aucun danger. Enfin, ils constituent des enceintes fermées, séparées de la voie publique par des murs et des baies suffisamment closes pour arrêter la plus grande partie des poussières de la rue et soustraire à l'action de ces poussières les aliments exposés dans les places des détaillants. Or c'est là, dans les villes, un avantage hygiénique de premier ordre. La contamination des denrées par les poussières des rues est un des facteurs les plus actifs de la décomposition rapide de ces denrées et, quand il s'agit de denrées à consommer sans cuisson préalable, comme le beurre, le fromage, le jambon, les saucissons, les fruits, les salades, etc., peut propager les maladies contagieuses de toute nature dont les microbes, avons-nous vu, pullulent dans ces poussières.

Malheureusement, dans les villes françaises, et en particulier à Paris, ces excellents établissements sont depuis nombre d'années l'objet d'un discrédit presque absolu et la Municipalité parisienne, qui avait créé dans presque tous les arrondissements des marchés couverts, a dû les désaffecter l'un après l'autre et les remplacer à peu près partout par le second type, le marché découvert ou marché forain.

Marchés forains. Le marché forain est intermittent. Il se tient sur chaque emplacement à jour fixe et est ouvert aux producteurs de toute provenance. A côté des marchands de profession qui alimentent ces marchés, maraîchers, cultivateurs y apportent directement leurs denrées et il y a, dans cette absence d'intermédiaires, un avantage sérieux pour les consommateurs. Malheureusement, cet avantage incontestable est trop souvent compensé par des défauts graves au point de vue de l'hygiène de la ville et si l'on veut le conserver, il est indispensable d'adopter, tant dans le choix des emplacements que dans leur aménagement, des mesures convenables.

Les marchés découverts se tiennent le plus souvent sur de larges voies de communication. Des abris mobiles sommaires sont dressés, les jours de marché, sur les terre-pleins et les trottoirs des avenues et boulevards qui leur sont affectés. Sous ces abris, les commerçants et les producteurs, maraîchers ou autres, montent des tables en bois, généralement d'une propreté douteuse, sur lesquelles ils étalent leurs denrées. Beaucoup même, se contentent de placer leurs marchandises à même le sol sans autre protection contre les souillures possibles.

Il y a déjà là un vice sanitaire grave; mais ce n'est pas le seul. Le sol des terre-pleins des avenues et boulevards est le plus souvent en terre. Dans les voies destinées à recevoir des marchés forains, l'administration fait établir à l'emplacement qui doit être occupé par les marchands, une zone bitumée. Il en résulte que les débris de toute sorte, épluchures de légumes, débris de viandes, etc., se

répandent pendant toute la durée de la vente
sur le sol en terre bordant les terre-pleins, y
sont triturés par les pieds des passants, s'y
décomposent avec une grande rapidité et ne
pouvant qu'être imparfaitement enlevés,
transforment la surface de l'avenue en un
magma répugnant, lieu d'élection pour tous
les germes les plus dangereux, foyer permanent de pullulation de mouches, et dont les
émanations putrides empoisonnent tous les
environs. D'un autre côté, les substances alimentaires exposées sans abri efficace sur les
tables des marchands, sont saupoudrées par
les poussières provenant de la rue, et comme
il s'agit toujours de voies à grande circulation, il y a là, nous le répétons, un danger
des plus sérieux pour la santé des consommateurs.

Dans la cité aménagée suivant les règles
de l'hygiène, les marchés forains, s'il en
existe, devront toujours être établis sur des
places spéciales, vastes, bien aérées et surtout, c'est là le point capital, situées en dehors des voies de grande circulation. Le sol
en sera imperméable, réglé avec soin de manière à pouvoir être lavé abondamment après
chaque marché, et à assurer aux eaux de
toute nature un écoulement facile et régulier
vers l'égout public. Ils devront toujours être
pourvus d'eau en abondance. Malgré l'en-

gouement du public pour les marchés découverts, nous sommes obligés de reconnaître qu'ils sont à tous points de vue inférieurs aux marchés couverts et ne sauraient se prêter aux perfectionnements hygiéniques que permettent d'adopter ces derniers. Un marché couvert bien établi réduit les contaminations des denrées par les poussières dans la limite du possible. Il permet l'installation des étaux d'étalage dans des conditions aussi parfaites que possible : tables en marbre, crochets de suspension en métal, etc., toujours faciles à tenir rigoureusement propres. Enfin il est possible d'y assurer la resserre, dans des chambres froides, des denrées invendues dans les meilleures conditions de propreté et de bonne conservation. Les marchands qui fréquentent les marchés forains, emportent chez eux les marchandises qu'ils n'ont pu écouler dans la journée. Ces marchandises, denrées éminemment altérables, comme le poisson, la viande, les fruits et les légumes sont déjà à la fin d'une journée pendant laquelle ils ont été manipulés par des mains plus ou moins propres, souillés par les poussières, et soumis à toutes les fluctuations de la température extérieure, dans un état voisin de la décomposition. Elles sont resserrées dans des remises, des appentis sordides, souvent même dans un coin de l'unique chambre qu'habitent le marchand et sa famille et le lendemain, quand elles sont remises en vente sur un autre marché, elles sont, malgré un savant maquillage, plus propres à empoisonner le client qu'à lui servir de nourriture.

Conservation des denrées. Dans un marché couvert bien organisé, il est facile d'installer des resserres irréprochables au point de vue de l'hygiène. Il suffira d'y établir une ou plusieurs chambres froides dont les marchands de denrées périssables seront tenus de faire usage pour la resserre des marchandises invendues dans la journée. La conservation des denrées alimentaires sera ainsi assurée dans la mesure du possible. Nous ne parlerons ici que d'une façon incidente des véritables marchés alimentaires qui, dans certaines villes et surtout à Paris, se constituent chaque jour dans les voies les plus fréquentées, par l'installation de petites voitures le long des trottoirs. L'hygiéniste ne peut que réprouver complètement une installation de cette nature qu'aucune mesure ne peut rendre inoffensive et qui constitue un véritable défi à la science hygiénique. Ces marchés volants présentent, avec un coefficient énorme, tous les inconvénients et les dangers des marchés découverts, et il est absolument impossible de les améliorer. Dans une ville qui aurait souci de protéger la santé de ses habitants, un pareil commerce devrait être interdit ou au moins limité à la vente des légumes qui ne peuvent être consommés qu'après cuisson.

Les marchés, couverts, découverts, ou sur petites voitures, constituent le mode le plus restreint de distribution des denrées alimentaires dans les villes. Le véritable et le plus important approvisionneur des différents quartiers est le marchand en boutique.

Boutiques de vente. Les boutiques dans lesquelles se débitent les denrées alimentaires intéressent l'hygiène urbaine à un double point de vue. En premier lieu, elles peuvent avoir une influence appréciable sur la salubrité de la maison dans laquelle elles sont établies. En second lieu, leur installation a une action importante sur la conservation en bon état des denrées qui y sont entreposées et par voie de conséquence, sur la santé des consommateurs.

Les mesures qu'il convient de prendre pour éviter que de telles boutiques compromettent la salubrité de la maison se confondent avec celles qui sont nécessaires pour assurer la bonne conservation des denrées.

Les boutiques et magasins de denrées alimentaires peuvent se subdiviser en deux catégories : 1° celles où l'on se contente de débiter et conserver les marchandises; 2° celles dans lesquelles le commerçant, non seulement vend les produits naturels, mais encore se livre à des manipulations et à des préparations variées des substances qu'il débite pour les transformer en produits nouveaux. Les unes, boucheries, triperies, poissonneries, marchands de volailles, fruiteries, épiceries agissent surtout par les odeurs et émanations naturelles des produits qui y sont vendus et aussi surtout par les émanations désagréables et même nuisibles que dégagent les déchets de ces produits dès qu'ils commencent à entrer en décomposition. Les autres, comme les charcuteries et les restaurants joignent à ces causes d'inconvénients, les buées et émanations plus ou moins incommodes ou même délétères que dégagent les cuisines ou laboratoires dans lesquels sont effectuées les diverses préparations des denrées.

La première précaution à prendre pour que ces divers établissements ne deviennent pas une cause d'insalubrité pour les maisons dans lesquelles ils sont installés, c'est d'assurer à tous les locaux qui les composent une ventilation permanente énergique entraînant au dehors les buées et les odeurs et les empêchant de se répandre dans les locaux habités.

La seconde mesure, aussi essentielle que la première, est d'assurer la désinfection immédiate et l'enlèvement rapide de tous les déchets organiques provenant de l'exercice de ces industries.

Enfin, pour pouvoir assurer la propreté permanente des boutiques de cette nature, il est indispensable que tous les locaux dans lesquels sont manipulées, préparées ou conservées les denrées qu'on y débite, aient leur sol et leurs parois pourvus d'un revêtement en matériaux lisses et imperméables permettant les lavages fréquents, soit à l'eau pure, soit à l'eau additionnée de substances désinfectantes. Tous ces locaux doivent, en outre, être munis d'une canalisation spéciale permettant d'évacuer directement à l'égout les eaux de lavage. A Paris, les règlements de 1887 sur la tenue des étaux de boucherie et des établissements de charcuterie contiennent des prescriptions à peu près parfaites à cet égard. Le règlement sanitaire de Paris édicté en 1904 renferme, de son côté, des indications utiles sur l'aménagement et la tenue des locaux destinés à la vente ou à la

conservation des denrées alimentaires, autres
que les boucheries et les charcuteries. Malheureusement, l'Administration parisienne
n'a pas osé s'attaquer aux restaurants de tout
ordre, dont les salles dans bien des cas, et les
cuisines, à peu près toujours, sont un défi à
l'hygiène et une cause d'insalubrité des plus
graves pour les maisons qui les abritent. Il
suffirait d'imposer à ces industries les
mêmes mesures qu'aux charcuteries, pour
les rendre à peu près inoffensives.

Halles centrales. Tous ces organes de distribution des denrées alimentaires s'approvisionnent à des marchés de
gros, des Halles centrales, qui existent à peu
près dans toutes les grandes villes et dont le
rôle dans l'hygiène de la cité est des plus
importants.

Pour remplir utilement leur rôle d'approvisionneur général de la cité, les Halles
doivent être situées au centre de l'agglomération et reliées directement aux gares de
chemins de fer, de façon à pouvoir recevoir,
sans transbordement toujours fâcheux, les
denrées de toute sorte dont elles doivent assurer la distribution la plus rapide.

Certains administrateurs, émus des critiques que soulèvent les Halles centrales de

Paris, et surtout en présence de la dépense excessive qu'entraînent les expropriations nécessitées par les agrandissements indispensables qui doivent être apportés au marché parisien, ont préconisé l'installation des Halles en dehors de l'agglomération. Nous persistons à penser que leur place naturelle est au centre de la ville, seule région où elles peuvent rendre les services que l'on en attend. Quoiqu'il en soit, qu'elles soient situées dans une partie quelconque de la ville, les Halles doivent remplir certaines conditions d'aménagement et d'entretien très précises, dont l'observation rigoureuse peut seule les empêcher d'avoir sur la santé publique une influence fâcheuse.

Spécialisation des pavillons — Tout d'abord chaque nature de denrée doit avoir un pavillon spécial affecté à sa vente. Il y aura donc autant de pavillons séparés qu'il sera nécessaire. Ces pavillons, dont l'aménagement intérieur sera variable avec la nature des denrées qui y seront vendues, devront tous répondre au moins aux conditions d'installation suivantes: 1° Etre distants d'au moins 30 à 40 mètres de tout bâtiment d'habitation; 2° Etre pourvus d'un système de ventilation aussi complet que possible;

3° Avoir leur sol et leurs parois construits en matériaux lisses et imperméables pouvant se laver à grande eau aussi souvent que cela sera nécessaire; 4° Etre pourvus d'une distribution d'eau abondante, et, dans certains d'entre eux, comme celui affecté à la viande ou au poisson, d'appareils pouvant fournir, au moment des nettoyages, de l'eau chaude à volonté; 5° Etre munis d'une canalisation d'évacuation des eaux usées reliée à l'égout public, dont les entrées d'eau seront siphonnées et où il pourra être effectué, à volonté, des chasses puissantes; 6° Enfin, si, dans une de leurs parties, ils sont contigus à une voie de grande circulation, toute la paroi riveraine de la voie sera close dans toute sa hauteur pour éviter l'envahissement des poussières.

Aménagement des halles centrales. Dans des halles hygiéniquement conçues, le matériel doit être tout entier établi en matériaux imperméables et imputrescibles, marbre, pierre, ciment, métal; le bois, qui s'imprègne facilement de tous les liquides organiques et dont le nettoiement parfait est à peu près impossible, doit être rigoureusement proscrit.

Les pavillons, surtout ceux qui sont affectés à la vente des viandes et du poisson, doivent être machinés de manière à supprimer autant que possible les manipulations des denrées. Des rails aériens, des wagonnets permettront d'apporter, des resserres ou des quais de débarquement, directement aux tables de vente les carcasses ou les quartiers d'animaux, sans toutes ces manipulations répugnantes auxquelles on assiste trop souvent et les souillures inévitables qu'elles entraînent. Les pavillons, si l'on veut à la fois assurer la conservation des denrées et éviter les odeurs et les émanations qui incommodent souvent les voisins des halles, doivent comporter deux parties distinctes : les locaux de vente et la resserre. Actuellement, aux Halles centrales de Paris, quand des lots de denrées sont restés invendus et doivent être remis en vente le lendemain, ils sont laissés dans le pavillon de vente, entassés dans un coin, sans aucune protection contre les souillures de toute sorte, poussières, mouches, etc., et contre les effets de la température extérieure. Le résultat est que, dans certaines saisons, un quart, et souvent davantage, des denrées ainsi traitées doit être saisi le lendemain, au moment de la mise en vente et détruit ou envoyé dans les usines de fabrication d'engrais. En 1917, sur 151.000 kilogs de viandes de toute nature saisies aux Halles centrales, 42.969 kilogs l'ont été pour putréfaction. On voit l'importance que présente, au point de vue de l'alimentation de la ville, cette défectuosité de l'aménagement des halles, cause principale de cette altération des viandes.

Mais en même temps, pendant toute la journée et toute la nuit qui suit la vente, ces viandes en voie de putréfaction dégagent des émanations répugnantes qui vicient l'air, attirent des légions de mouches et rendent le séjour des maisons qui avoisinent notre grand marché, dangereux pour la santé des habitants.

L'aménagement hygiénique des pavillons ferait disparaître à peu près complètement ces inconvénients graves. Chaque pavillon comporterait une chambre froide, dont l'atmosphère soigneusement épurée et constamment renouvelée serait maintenue à une température de 0 à 4° centigrades au-dessus de 0°. Nous ne nous étendrons pas sur les détails d'aménagement de ces resserres. Elles existent en grand nombre dans tous les pays voisins et les ingénieurs frigoristes que nous possédons connaissent par le menu les dispositions à prendre pour les établir dans les meilleures conditions d'économie et de rendement. Des rails aériens, des wagonnets spéciaux permettraient le transport des mar-

chandises de la table de vente dans la resserre et réciproquement dans des conditions
de propreté qui seraient tout à l'avantage
de la conservation des viandes et de la salubrité du quartier.

**Resserres d'ani-
maux vivants.** Il existait il y a quelques
années et il existe malheureusement encore aux Halles
centrales de Paris une institution des plus
fâcheuses et qui, au point de vue de l'hygiène,
doit être absolument proscrite dans les établissements similaires, nous voulons parler
de la conservation dans les sous-sols de légions de volailles vivantes, d'une tuerie en
grand de volailles et d'ateliers de préparation
de certains abats, notamment l'extraction, de
têtes de moutons, des langues et des cervelles.
Ces agglomérations d'animaux vivants, nécessairement mal tenus, dégagent des odeurs
qui viennent encore augmenter la viciation
de l'air ambiant et la tuerie de volailles ainsi
que la préparation des têtes de moutons dans
des locaux qui, d'ailleurs. ne sont nullement
aménagés à cet effet, produisent une masse
importante de déchets éminemment putrescibles dont l'enlèvement ne peut se faire
dans les conditions de rapidité et de précaution indispensables et qui contribuent encore

à accroître les causes d'insalubrité du quartier.

Si l'on veut admettre dans les Halles la vente de la volaille et des lapins vivants, comme cela se pratique aux Halles centrales de Paris, il est indispensable de consacrer à ces ventes un pavillon distinct de celui où se pratique la vente des volailles mortes. Ce pavillon devra comprendre une partie aérienne, et non en sous-sol, aménagée pour la conservation des lots invendus, dans laquelle les mesures de propreté les plus minutieuses devront être observées. Les fumiers seront l'objet de précautions toutes spéciales pour éviter qu'ils ne deviennent un foyer de pullulation des mouches et n'incommodent le voisinage par les odeurs qu'ils répandent. En les saupoudrant de sulfate de fer ou de chaux en poudre, on arrivera à les rendre à peu près inoffensifs. Ils devront, en tout état de cause, être enlevés, chaque jour, dans des voitures closes qui seront après chaque voyage soigneusement lavées et désinfectées.

Transport des denrées. L'apport des marchandises aux Halles se fait surtout la nuit. Il est donc facile, soit en reliant directement ces marchés aux gares, soit en utilisant, après exécution des raccordements nécessaires, les voies de tramways, de transporter à des quais de débarquement convenablement installés dans l'intérieur des Halles, et sans transbordements intermédiaires, toutes les denrées provenant du dehors.

Le transport des denrées périssables, du lieu de production au lieu de consommation, ne peut être hygiéniquement assuré qu'au moyen de wagons et de voitures frigorifiques ; la conservation ne peut en être assurée que dans des magasins ou entrepôts frigorifiques. L'utilisation du froid artificiel dans le transport et l'emmagasinage des denrées périssables constitue un chapitre important de l'hygiène urbaine et elle présente en même temps, au point de vue économique, un intérêt qu'on ne saurait contester.

Dans l'armement sanitaire d'une ville moderne, petite ou grande, cette utilisation s'impose et l'administration qui négligerait de créer l'outillage nécessaire, encourrait aujourd'hui une grave responsabilité.

Surveillance des denrées alimentaires. — Quelles que soient les précautions prises pour assurer le transport et la conservation hygiéniques des denrées alimentaires, il est évident qu'il est impossible d'éviter qu'une certaine quantité de ces denrées ne s'altèrent pour des causes diverses et ne deviennent impropres à la consommation. Une surveillance rigoureuse permanente doit être exercée pour vérifier la qualité des denrées mises en vente et assurer l'enlèvement de celles qui sont reconnues avariées.

Qu'il s'agisse des halles et marchés ou des magasins de vente au détail, les denrées avariées et tous les déchets putrescibles doivent être déposés dans des récipients métalliques hermétiquement clos en attendant qu'ils puissent être emportés aux usines spéciales qui doivent les utiliser. L'enlèvement de ces matières doit être effectué dans les vingt-quatre heures qui suivent la saisie, dans des voitures étanches et closes. Il y a là un outillage supplémentaire dont la création s'impose à toutes les administrations qui ont souci de protéger la salubrité de la cité et dont l'entretien en état de parfaite propreté doit être rigoureusement surveillé.

CHAPITRE XII

Abattoirs — Usines — Entrepôts

Tueries particulières. — Abattoirs. — Abattoirs industriels. — Entrepôt frigorifique. — Etables, bergeries, porcheries. — Destruction des mouches. — Surveillance sanitaire. — Entrepôts. — Entrepôt des vins. — Usines. — Usines dangereuses et insalubres.

Un des éléments indispensables de l'alimentation des populations urbaines est la viande de boucherie et un des plus impérieux devoirs de l'hygiène urbaine est d'assurer l'approvisionnement en viande des cités dans des conditions telles que la santé des habitants ne puisse être compromise.

Dans nos villes françaises, le bétail est amené vivant dans la ville et y est abattu et débité. L'apport de viande provenant d'animaux abattus en dehors de la ville constitue l'exception. Presque partout, les animaux

sont sacrifiés dans des tueries particulières
dépendant des boucheries et des charcuteries.
Seules les villes de quelque importance possèdent des abattoirs publics. La tuerie privée,
telle qu'elle se présente dans nos villes et nos
campagnes est aujourd'hui universellement
condamnée. Outre qu'elle complique et rend
à peu près illusoire la surveillance de la qualité des viandes qui y sont débitées, elle est
le plus souvent une cause grave d'insalubrité
pour tout le voisinage et laisse perdre la plus
grande partie des sous-produits de l'abattage
qui ne peuvent être utilisés qu'après des
charrois onéreux et des pertes énormes dues
à la décomposition rapide de ces déchets.

Abattoirs. Les abattoirs sont le plus souvent de simples agglomérations
de tueries particulières et présentent au point
de vue de l'hygiène aussi bien qu'au point de
vue économique les mêmes défauts. Les animaux y sont abattus dans la cellule ou échaudoir de chaque boucher. C'est dans l'échaudoir que l'animal assommé est saigné, vidé,
écorché. Les carcasses traînent sur le sol,
souillées de sang, du contenu des panses,
d'ordures de toute sorte. La plus grande partie du sang, du contenu des panses est poussé
à l'égout et perdu. Les cuirs souillés sont

entassés dans un coin de l'échaudoir où ils fermentent et se détériorent. Des nuées de mouches, des odeurs nauséabondes, tels sont les agréments dont jouissent les quartiers voisins de tels abattoirs.

Les carcasses restent suspendues dans l'échaudoir jusqu'à ce que des voitures primitives viennent les enlever et les transporter, exposées à toutes les intempéries, à toutes les poussières et à toutes les souillures de la route, à la boucherie où elles doivent être découpées et vendues au public. Les pertes énormes qu'entraînent de telles pratiques n'ont aujourd'hui aucune autre excuse que l'amour immodéré de la routine.

Abattoirs industriels. Il existe en effet deux types d'abattoirs nouveau modèle, dits abattoirs industriels, qui permettent l'abattage propre et aseptique des animaux et l'utilisation de tous les sous-produits qui, avec les vieux types d'abattoirs, sont presque en totalité perdus.

Dans le premier type d'abattoir industriel, tous les ateliers sont établis de plain-pied, avec un stand d'abattage un peu surélevé. Dans le second, l'abattoir comporte une série d'étages. L'abattage se pratique à l'étage le plus élevé et toutes les viandes et les sous-produits descendent aux étages inférieurs par le simple jeu de la pesanteur. Dans ces deux types, l'abattoir comprend une série d'usines dans lesquelles se fait, sans transports longs et onéreux, le traitement immédiat de tous les sous-produits.

Les graisses, les boyaux, la triperie sont préparés dans des conditions qui assurent la propreté parfaite de toutes les opérations et réduisent au minimum les pertes de matière utile. Les cuirs conservés dans les sous-sols après lavage et salage convenable ne courent aucun danger d'altération et ne peuvent incommoder le voisinage.

Tous les déchets de toute nature, traités sur place avant toute souillure et toute fermentation, donnent un rendement qui diminue notablement le prix de revient des viandes. L'abattoir industriel bien établi est, en somme, le seul qui convienne à la ville moderne.

Pour le détail de l'installation de tels abattoirs, nous renvoyons le lecteur aux substantiels rapports que M. Martel a rédigés pour le Conseil d'hygiène et de salubrité de la Seine et dont on trouvera le texte dans les Comptes Rendus des séances de cette assemblée (31 janvier 1919, 26 novembre 1919).

Il convient toutefois d'insister sur un des organes que possède toujours l'abattoir industriel et sur le rôle important qu'il joue vis-à-vis de la santé des habitants de la ville, nous voulons parler de l'entrepôt frigorifique.

Entrepôt frigorifique. L'utilisation du froid pour la conservation des denrées alimentaires est aujourd'hui répandue dans tous les pays du globe. Partout on possède des installations frigorifiques pour conserver les denrées périssables, fruits, légumes, beurre, œufs, volailles, gibiers, etc., etc., mais surtout les viandes de boucherie, bœuf, veau, mouton, porc, et nous avons vu qu'il était l'accessoire obligé des halles centrales bien conçues.

Notre pays est fort en retard sous ce rapport et il est temps qu'il se décide à suivre l'exemple fécond que lui donnent les autres pays civilisés.

L'abattoir industriel comporte toujours un entrepôt frigorifique et dans les pays, comme l'Amérique, où ces abattoirs sont les seuls connus, toutes les viandes consommées ont passé par le frigorifique avant d'être envoyées aux boucheries de détail. Le complément indispensable d'un abattoir industriel ou même d'un abattoir quelconque est l'usage pour le transport des viandes, de voitures convenables. En Amérique, ces transports se font dans des voitures automobiles fermées, réfrigérées, où les viandes sont suspendues dans des conditions de propreté parfaites. Ces voitures sont, après chaque voyage, lavées à fond et tenues en toute circonstance dans un constant état de propreté.

Etables, bergeries porcheries. Tout abattoir, quel qu'en soit le type, comporte des étables, des bergeries ou des porcheries dans lesquelles les animaux doivent attendre le moment où ils seront abattus.

Ces étables sont une des causes les plus importantes d'insalubrité et doivent en conséquence être aménagées et entretenues avec le plus grand soin.

Elles doivent être vastes, présenter une hauteur sous plafond d'au moins 4 mètres et être éclairées par des baies régnant sur les deux côtés opposés, de manière à y assurer la pénétration aussi large que possible de la lumière solaire. Les parois en seront revêtues de matériaux imperméables et à surface lisse facilement lavables. Le sol, pavé sur béton, aura sa surface réglée de manière à conduire les liquides dans des caniveaux ouverts qui les amèneront à des orifices siphonnés les déversant dans un égout spécial dans

lequel des chasses d'eau puissantes pourront
être effectuées. Des prises nombreuses d'eau
sous pression y seront disposées et enfin on y
aménagera dans l'allée centrale une petite
voie ferrée où circuleront des wagonnets destinés à l'enlèvement quotidien des fumiers.
Les fumiers seront placés sur des aires pavées légèrement bombées pour assurer l'écoulement des purins qui seront reçus dans une
rigole circulaire qui les déversera dans un
orifice siphonné communiquant avec l'égout.

Ces fumiers seront enlevés chaque jour.

Destruction des mouches. Nous avons vu, au chapitre
de la Maison, l'importance
que présentait, pour protéger
la santé des habitants, la destruction des
mouches. Dans les abattoirs ancien modèle
le fléau des mouches était à peu près impossible à conjurer. Dans les abattoirs
industriels, le danger des mouches est réduit dans la mesure du possible et le
corps même de l'abattoir, dont l'entretien
en état de méticuleuse propreté est une
condition absolue de fonctionnement peut
être considéré comme suffisamment pro-
tégé contre ces diptères. Il n'en est pas de
même des bouveries, bergeries et porcheries.
Les fumiers qui en proviennent, même enle-

vés quotidiennement, attireront toujours des légions de mouches et il faut prendre quelques précautions très simples pour en empêcher la pullulation. Il suffira, dans la plupart des cas, de saupoudrer chaque couche de fumier apportée au tas, de sulfate de fer en poudre ou de chaux en poudre. C'est un procédé facile à appliquer, peu coûteux, qui augmente, plutôt qu'il ne les diminue, les propriétés fertilisantes du fumier et qui est à peu près infaillible au point de vue de la destruction des insectes.

Surveillance sanitaire. Un des multiples avantages de l'abattoir industriel est de permettre la surveillance sanitaire complète et des animaux introduits et des viandes et produits de toute nature destinés à la consommation.

L'installation de postes et de laboratoires destinés au service vétérinaire sanitaire, d'étables pour les animaux suspects, et de locaux spéciaux pour la resserre et la destruction des viandes saisies est une des conditions indispensables de l'organisation d'un abattoir industriel complet.

Enfin, au point de vue de l'hygiène, l'aménagement d'un tel abattoir doit comporter dans chacune de ses sections, des vestiaires, des bains-douches et des water-closet clairs et bien installés, en nombre suffisant pour répondre à tous les besoins du personnel qui y travaille.

L'abattoir industriel d'une grande ville doit être relié directement aux lignes de chemin de fer. De là la nécessité de le placer dans un quartier excentrique ou même en dehors de l'agglomération. Les trains chargés de bétail doivent pouvoir arriver, sans rompre charge, au quai de débarquement qui régnera de plain-pied le long des étables. Un autre système de quais d'embarquement devra être disposé le long des usines de transformation des sous-produits. Enfin un autre quai desservira le frigorifique et permettra le chargement, dans des wagons réfrigérés spéciaux et avec les précautions nécessaires, des viandes destinées à être expédiées au loin.

Au premier abord, il semble qu'un abattoir industriel ne puisse être établi que dans une grande ville, les frais d'établissement et d'entretien dépassant les ressources des petites villes et même des villes de moyenne importance. Il n'en est rien cependant. L'usage du froid dans les entrepôts, dans les wagons et les voitures affectés au transport des viandes, permet l'établissement de ces abattoirs pour desservir un ensemble de villes, de bourgs et de villages compris dans un périmètre étendu. Une entente entre les localités intéressées permettrait de répartir équitablement les frais d'installation et de fonctionnement de l'abattoir et de faire bénéficier de tous les avantages économiques et hygiéniques qu'il présente l'ensemble de la population. On a mis en avant dans ces dernières années le projet de construire sur ce type des abattoirs régionaux. L'idée fera son chemin et, en dehors même des grandes villes, la population des plus petits bourgs elle-même pourra, dans un avenir, que nous voulons espérer prochain, s'approvisionner facilement en viande saine, proprement préparée et hygiéniquement distribuée.

Quoiqu'il en soit, et en dehors même de toute considération économique, et en se plaçant au simple point de vue de l'hygiène urbaine, les tueries particulières et les abattoirs actuels sont universellement condamnés et devront être remplacés partout par des abattoirs industriels du type dont nous venons sommairement d'esquisser les caractéristiques.

Entrepôts. — Certains produits de consommation courante doivent être accumulés en quantités souvent considérables sur certains points de la ville pour être distribués chaque jour, suivant les besoins, chez les particuliers ou les commerçants qui les utilisent. De là, la nécessité de créer des magasins généraux de dépôt, des entrepôts.

Les vins, les charbons, le bois à brûler ou à ouvrer, et certaines matières encombrantes, comme les matériaux de construction, sont dans ce cas.

Pour remplir le but qu'ils doivent atteindre, les entrepôts doivent présenter certaines conditions d'emplacement et d'installation dont quelques-unes intéressent directement l'hygiène urbaine.

Ils doivent être reliés directement aux organes généraux de transport, chemins de fer et voies navigables, être assez éloignés des agglomérations pour ne pas être une gêne ou une cause de danger pour les habitants, enfin, dans les cas où ils sont affectés à des denrées périssables, être aménagés de manière à assurer la conservation parfaite de ces denrées.

Dans une ville qui possède des halles centrales aménagées comme nous l'avons vu dans le chapitre précédent, pourvues dans chacune de leurs sections d'entrepôts frigorifiques spéciaux, le problème, en ce qui concerne l'emmagasinage des denrées péris-

sables, est borné surtout à l'approvisionnement des vins.

Entrepôt des vins. Un entrepôt de vins doit comporter des caves et chaix permettant de soustraire les approvisionnements à l'influence des changements de température, un réseau de rues bien établies et construites et entretenues suivant les règles que nous avons tracées pour les rues ordinaires. En raison des manipulations multiples que nécessitent la conservation et la préparation des vins, l'entrepôt doit être pourvu des moyens de lavage les plus parfaits. C'est peut-être, bien que cette affirmation puisse paraître un peu vaudevillesque, un entrepôt de vins qui a le plus besoin d'une alimentation d'eau surabondante. Du reste, comme tous les établissements qui nécessitent la présence journalière d'un nombreux personnel, il doit être muni de vestiaires, de bains-douches et de water-closet aussi nombreux qu'il est nécessaire.

Sauf les locaux destinés à la conservation des denrées, tous les autres entrepôts doivent présenter les mêmes installations hygiéniques. Un ouvrier charbonnier, ou un manœuvre qui décharge et charge toute la journée des sacs de chaux ou de ciment doit pouvoir, à la fin de sa journée de travail, se laver et revêtir des vêtements propres pour rentrer chez lui.

Usines. L'industrie a pris une telle place dans la société moderne qu'il n'existe pas de ville, si petite qu'elle soit, qui ne possède quelques usines.

Dans la population urbaine, l'immense majorité travaille soit à domicile, dans un atelier familial, soit dans un atelier modeste établi par un industriel de petite envergure, installé dans une partie d'un maison quelconque, soit enfin dans un édifice ou un ensemble d'édifices exclusivement consacré à une fabrication spéciale, une usine.

L'atelier familial et l'atelier établi dans une maison habitée sont généralement consacrés à des travaux qui n'ont qu'une importance minime sur la salubrité de la maison. C'est surtout l'industrie du vêtement et celle de la parure, bijouterie, horlogerie, fleurs artificielles, travail des plumes, etc., qui s'exercent dans ces ateliers et ils ne sont, dans la plupart des cas, justiciables de l'hygiène urbaine qu'à titre d'habitations ou de dépendances de l'habitation. Les locaux de travail doivent remplir les conditions d'aération et d'éclairage naturel qui sont indispersables aux locaux habités, en tenant compte bien entendu de l'importance toute spéciale qu'ils présentent du fait du surpeuplement forcé qui règne dans ces locaux. Pourtant il existe certaines industries modestes, qui s'exercent dans des locaux de maisons habitées et qui, insuffisamment installées, pourraient présenter des dangers assez sérieux pour la santé du reste des habitants. Les industries qui font usage de produits chimiques comme les doreurs et argenteurs sur métaux, produisent des gaz toxiques qui peuvent, s'ils se répandent dans la maison, affecter gravement la santé des occupants.

Dans tous les pays civilisés, il **existe une** réglementation spéciale visant l'exercice de toutes les industries, qu'elle qu'en soit l'importance, capables de nuire à la santé des voisins et en même temps prévoyant les mesures à prendre pour assurer l'hygiène et la sécurité des ouvriers employés dans ces industries.

Nous n'entrerons pas dans le détail de ces réglementations, nous bornant à exposer ici ce qui, en ce qui concerne les usines, est plus spécialement du domaine de l'hygiène urbaine.

Parmi les usines, quelle que soit leur importance, il en est un grand nombre qui peuvent être placées au milieu de l'agglomération, à proximité des locaux habités, sans que ce voisinage puisse avoir quelque influence sur la santé des voisins. Tels sont par exemple les ateliers de confection, les fabriques de cartonnages, etc., en résumé toutes les industries qui n'emploient que des matières premières ne dégageant aucune émanation nuisible et n'utilisant que des machines produisant peu de bruit.

Bien entendu, nous ne nous plaçons ici qu'au point de vue de l'hygiène et nous n'envisageons pas la question de sécurité et notamment les dangers d'un incendie. En effet, il est possible de prendre des mesures qui, si elles sont rigoureusement appliquées, sont de nature à atténuer ces dangers dans une mesure telle qu'on peut les considérer comme ne dépassant pas les limites de ceux que présentent les habitations ordinaires.

Usines dangereuses et insalubres. — Les autres usines sont celles qui emploient des machines bruyantes, comme les usines qui travaillent en grand les métaux; ce sont surtout celles qui traitent des matières dégageant d'abondantes fumées, des gaz ou des émanations toxiques ou incommodes, comme les fabriques de produits chimiques, les fabriques d'engrais, les usines où l'on traite tous les débris organiques : vidanges, vieux os, déchets de viandes.

Ces usines, quelles que soient les précautions prises pour en assurer l'innocuité, sont toujours dangereuses pour le voisinage et doivent être écartées de l'agglomération.

Dans une ville bien comprise et qui aurait souci d'éviter tout ce qui peut compromettre la santé de ses habitants, de telles usines devraient être reléguées hors de la ville, dans une région située sous le vent dominant, le long d'une voie fluviale et en relation directe avec les lignes de chemins de fer. Les transports et les manipulations des matières premières et des produits fabriqués pourraient être assurés dans des conditions de salubrité et de rapidité qui en atténueraient notablement les inconvénients et les dangers.

Toutes ces usines insalubres seraient groupées dans un espace qui leur serait exclusivement réservé et qui serait séparé des régions voisines par un espace libre planté d'arbres dans lequel il serait interdit de construire aucune habitation. Ce serait le seul moyen d'éviter les inconvénients de toute sorte que présentent, au point de vue de la santé publique, ces villes manufacturières, comme Aubervilliers, dans lesquelles les habitations, entremêlées à des usines empoisonnantes, ne peuvent fournir à la population qui les occupe, qu'un air vicié qui détruit sa santé et abrège ses jours.

Aujourd'hui que, grâce à l'emploi de l'électricité, il est possible d'organiser des moyens de transport rapide et à bon marché, une telle organisation est parfaitement réalisable et il n'est nullement indispensable que les ouvriers qui travaillent dans ces usines, soient logés à la porte de leur local de travail.

Mais une telle agglomération de foyers d'infection devra être aménagée et entretenue avec un soin extrême. Là plus que partout ailleurs, les rues qui sont sans cesse parcourues par des véhicules chargés de matières malsaines, devront être dures et imperméables. Les égouts en seront avec encore plus de rigueur que les autres, sans cesse balayés par d'abondantes chasses d'eau. Il faudra en somme y renforcer tous les organes qui, dans les parties habitées de la ville, sont destinés à assurer la pureté de l'air et l'éloignement rapide de toutes les matières dangereuses.

D'autres foyers d'insalubrité existent dans toutes les villes et doivent être l'objet de mesures très précises pour ne pas compromettre la santé des habitants. Ce sont certaines industries et certains commerces qui ont pour objet de recueillir et de centraliser des produits mal odorants, facilement putrescibles, souvent de provenance suspecte et qui tous, quand des précautions suffisantes n'ont pas été prises, présentent un caractère commun d'être des centres actifs de pullulation de mouches. Tels sont les dépôts de peaux fraîches, les dépôts de vieux chiffons, etc.

De telles accumulations de substances malsaines ne sauraient être tolérées au milieu des habitations. Quelles que soient les précautions prises dans l'aménagement de ces dépôts, imperméabilisation du sol et des murs des magasins, drainage bien compris et moyens de lavage aussi complets que possible, ils n'en constituent pas moins toujours des causes de viciation de l'air et de dissémination possible de maladies contagieuses graves.

Ils doivent être rélégués dans la région réservée aux usines insalubres, où des mesures sont prises non seulement pour atténuer dans toute la mesure possible le danger inhérent à chaque établissement, mais encore complétées par des travaux et des aménagements d'ensemble que commandent la nature spéciale de ces agglomérations.

CHAPITRE XIII

Gares des Chemins de fer — Tramways Métropolitains — Ports — Batellerie

L'hygiène urbaine et les moyens de transport. — Les gares à marchandises. — Les gares à voyageurs. — Voitures à voyageurs. — Métropolitains. — Les ports. — Les bateaux. — Les voyageurs et les bateliers. — Mesures de prophylaxie applicables aux bateaux et aux bateliers.

L'hygiène urbaine et les moyens de transport. Les moyens de transport des hommes et des marchandises ont pris dans notre société moderne une importance extrême.

Toutes les villes, petites ou grandes, sont mises en relation avec le centre du pays par des lignes de chemins de fer. Dans les villes de moyenne importance et surtout dans les grandes villes, des tramways à traction mécanique assurent les communications ra-

pides entre les divers quartiers de la ville et
entre la ville elle-même et sa banlieue. Mais
cette facilité extrême des communications
présente pour la santé publique certains dangers dont l'hygiène urbaine ne saurait se désintéresser.

Les personnes atteintes de maladies transmissibles, les porteurs de germes, dans les
voitures de chemins de fer ou de tramways,
dans les gares, sèment autour d'eux les microbes de leur mal. L'encombrement des
gares et des voitures en rendant plus intime
le contact du malade et de ceux qui l'entourent contribue à rendre plus facile la pénétration de ces microbes dans l'organisme
des voyageurs.

Les marchandises de toute sorte, soumises
avant, pendant et après leur transport à
toutes les souillures du sol, des poussières et
des manipulations humaines, sèment également
ment dans les voitures, sur les quais et dans
les dépôts des gares, les germes pathogènes
dont elles peuvent être chargées.

Il y a là un danger permanent, trop souvent méconnu par les administrations responsables et contre lequel l'hygiène urbaine
doit prendre des mesures efficaces.

Les gares à marchandises
doivent être d'abord assez
éloignées des habitations

Les gares à marchandises.

pour ne pas troubler le repos des habitants et, en même temps, ne pas leur nuire par les fumées des machines, non plus que par les poussières que soulève à chaque instant la circulation des trains et les manipulations de toute sorte que subissent les marchandises entrant et sortant. Les gares devraient être situées sur de vastes places plantées d'arbres et bordées, ainsi que les voies de chemins de fer, dans toute l'étendue de l'agglomération urbaine, par de larges voies, dont les plantations, conçues comme nous l'avons indiqué au chapitre VII de ce volume, protégeraient, dans une certaine mesure, les maisons riveraines contre la fumée et la poussière des trains.

Les gares à marchandises doivent présenter les mêmes conditions d'aménagement sanitaire que les entrepôts. Les quais, les magasins, les annexes de toute sorte doivent être revêtus de matériaux durs et imperméables et le nettoiement, de préférence le lavage, doit pouvoir en être opéré aussi souvent que possible. Il faut éviter, dans les gares situées à l'intérieur des villes, le chargement et le déchargement et toutes les manipulations des substances malodorantes ou dont la décomposition est trop rapide. Les fumiers, les déchets organiques de toute nature, vieux os, vieux chiffons, etc., ne devront être chargés ou déchargés que dans des gares spéciales situées en dehors de l'agglomération et autant que possible dans la région réservée aux usines incommodes ou dangereuses. La présence pendant de longs jours dans les dépendances des gares urbaines, sous les fenêtres des maisons voisines, de trains entiers chargés de fumiers ou d'autres débris organiques, est un défi à l'hygiène. Ces matières ne doivent séjourner dans les gares que le temps strictement nécessaire à leur chargement et à leur déchargement et les voitures qui les contenaient ne peuvent être remises en service qu'après un lavage et une désinfection complets. Dans toutes les gares à marchandises, mais surtout dans celles qui sont affectées à l'embarquement et au débarquement des matières usées et facilement putrescibles, le personnel doit trouver tous les moyens d'assurer se propreté corporelle. Dans de tels établissements, les vestiaires, bains-douches et water-closet bien établis et bien entretenus sont, plus qu'en tout autre lieu, indispensables.

Les gares à voyageurs. Les gares à voyageurs ne doivent pas moins retenir la sollicitude des administrations qui ont la charge de veiller à la salubrité de la ville. Elles comportent essentiellement trois parties : les halls d'entrée et de sortie, les salles d'attente, les salles de dépôt de bagages et les quais d'embarquement.

Les halls d'entrée sont jour et nuit parcourus par des foules souvent considérables, surtout dans les villes importantes. Le sol en est incessamment souillé de déchets de toute sorte : crachats des passants, boue des rues apportées par les chaussures des entrants et des sortants, débris alimentaires et autres de toute nature, mais tous éminemment putrescibles. Ce sol doit donc, plus encore que tout autre, être imperméable et pouvoir être lavé à grande eau. On ne comprend pas un hall de chemin de de fer qui ne comporte pas un système d'alimentation d'eau sous pression en abondance et des appareils d'évacuation des eaux usées.

Les salles d'attente des voyageurs qui sont destinées à abriter des êtres humains de tout âge et de toute condition, en parfaite santé ou malades, doivent également présenter les aménagements les plus propres à diminuer les dangers de cette promiscuité forcée. Dans une salle d'attente, le voyageur tuberculeux, par exemple, tousse, crache, répandant autour de lui en quantité innombrable des bacilles dangereux. Ces bacilles se déposent partout, sur le sol, sur les sièges et les tables qui meublent ces salles. A chaque mouvement des allants et venants, ces bacilles mêlés aux poussières voltigent dans l'air et sont absorbés par tous ceux qui séjournent là pour attendre, souvent de longs moments, l'heure du départ du train qui doit les emmener. Les débris de toute sorte déposés sur le sol par les chaussures des passants, viennent encore augmenter les dangers de ces poussières toujours abondantes dans les gares où les fumées des locomotives déversent dans l'atmosphère à jet continu des torrents de particules charbonneuses, de suie, etc. La salle d'attente doit donc, elle aussi, être construite de manière à être soustraite à l'envahissement des fumées, à assurer le renouvellement constant de l'air, à permettre un nettoyage aussi complet que possible du sol et des parois, à ne présenter aucun obstacle à la pénétration, dans toutes ses parties, de la lumière solaire directe, cet assainisseur tout puissant. Mais, me direz-vous, de telles salles d'attente n'existent à peu près nulle part, sauf peut être dans des gares de toute petite importance, et il y a sans doute une raison majeure pour qu'il en soit ainsi. La raison majeure est l'ignorance et au si l'esprit de routine. Les ingénieurs qui édifient une gare importante ne se préoccupent que du côté exploitation. Pourvu que la gare présente les dispositions de voies, de quais et de magasins qui facilitent l'exploitation, le reste s'arrangera toujours, et n'a d'ailleurs qu'une importance toute secondaire. Et c'est ainsi que les chemins de fer qui ont tant contribué au progrès de l'humanité, sont devenus un organe remarquablement actif de dispersion des épidémies. Or il est absolument évident que, si les hommes, la plupart du temps d'une haute valeur, chargés de dresser les projets des gares de chemin de fer, voulaient bien consacrer une parcelle de leur intelligence à la recherche des dispositions permettant d'assurer la salubrité parfaite de toutes les dépendances des gares, les errements actuels seraient depuis longtemps abandonnés et nous trouverions partout des salles d'attente vastes, bien aérées, bien éclairées, installées pour faciliter la destruction rapide de tous les germes morbides qui y sont apportés par myriades. Les bureaux dépendant de ces gares, tous ces locaux dans lesquels le public ou les employés sont tenus de séjourner souvent de longues heures, seraient aérés, bien éclairés, soustraits par leur orientation et leurs dispositions à toutes les souillures évitables et surtout à celles qui résultent de l'envahissement perpétuelle de ces locaux par la fumée des machines. Il suffirait de le vouloir pour réaliser cet immense progrès, réclamé depuis longtemps par tous les hygiénistes, réalisé en partie, dans certaines grandes villes d'Allemagne et qu'aucun obstacle impossible à vaincre ne saurait empêcher de réaliser dans notre pays.

On voit à quel degré les gares de chemins de fer, dans la plupart de leurs parties, intéressent la salubrité de la cité. Il en est tout à fait de même du matériel roulant, voitures à marchandises et à voyageurs, et nous dirons quelques mots de l'aménagement sanitaire de ces voitures qui intéresse non pas seulement l'hygiène urbaine, mais aussi l'hygiène générale du pays.

Voitures à voyageurs. Les voitures destinées au transport en commun des voyageurs à travers la ville, ou entre la ville et les localités qui l'entourent sont, au premier chef, justiciables de l'hygiène urbaine et ont sur la santé publique une influence indéniable. Au point de vue qui nous occupe, on peut citer comme des exemples de voitures hygiéniquement bien comprises les voitures des tramways de la Compagnie des Omnibus à Paris ainsi que les autobus de la même Compagnie. Ces voitures sont vastes, bien aérées, souvent même un peu trop, les parois et les banquettes en sont lisses et imperméables et par conséquent ne retiennent que difficilement les poussières et autres souillures accidentelles. Dans de telles voitures, où les voyageurs sont pressés les uns contre les autres et où les porteurs de germes nocifs sont légion, tous les revêtements intérieurs ne doivent pas pouvoir retenir les poussières, et les banquettes ou les tentures en étoffe, drap ou velours, comme on en voit malheureusement dans les wagons de chemins de fer et les voitures de certaines lignes de tramways, doivent être rigoureusement proscrits. La peinture laquée pour les parois, le cuir ou la toile cirée pour les banquettes sont les seules garnitures qui conviennent à ces voitures. Elles permettent le nettoyage fréquent par la voie humide, avec un linge légèrement humecté de liquide antiseptique, au lieu du battage et du brossage à sec que nécessitent les étoffes et qui renvoient dans l'atmosphère et dans les poumons des voisins les poussières nocives ou au moins suspectes que le linge humide au contraire recueille et emprisonne en en évitant la dispersion dans l'air.

Le plancher de ces voitures publiques est lui aussi le réceptacle de substances nocives de nature variée que lui amènent pendant tout le jour les boues transportées par les chaussures des passants. Si l'on y ajoute les crachats, les excrétions diverses des voyageurs qui y toussent, y éternuent sans contrainte, les débris tombés des paniers des ménagères, et des paquets plus ou moins propres qui y sont transportés, il est facile de se rendre compte de la nécessité impérieuse de nettoyer au moins une fois par jour ces planchers en évitant d'en remuer les poussières et de les répandre dans l'atmosphère. Seul le lavage avec de l'eau, au besoin additionnée d'un désinfectant énergique, peut être admis pour opérer ce nettoyage.

Métropolitains. — Ce que nous venons de dire des voitures destinées au transport des voyageurs à la surface du sol, s'applique avec encore plus de force aux voitures des métropolitains souterrains. Là le danger de toutes ces souillures est encore renforcé par l'obscurité dans laquelle ces voitures sont perpétuellement maintenues. Les voitures à parcours aérien bénéficient dans une large mesure de l'action assainissante de la lumière solaire.

Dans les métropolitains, cette action est nulle et au contraire les microbes pathogènes qui y sont déposés y conservent, en raison même de cette absence complète de radiations solaires, leur virulence pendant de longs jours. Le nettoyage quotidien des voitures de métropolitains constitue, en conséquence, une obligation impérieuse que l'on ne saurait transgresser sans danger.

Les métropolitains souterrains, qui rendent de si grands services à la population des villes où ils sont établis, doivent, si l'on ne veut pas qu'ils aient une action malfaisante sur la santé publique, être établis et entretenus dans des conditions spéciales qui sont bien rarement remplies, ou plutôt qui, jusqu'ici, ne le sont à peu près nulle part.

Un rapport présenté le 17 avril 1914 au Conseil d'hygiène et de salubrité de la Seine par un des hommes qui ont le plus grandement honoré la science médicale française, le Docteur Duguet, détermine avec une lumineuse clarté les dangers redoutables de ces installations souterraines et les moyens à employer pour conjurer ces dangers. L'atmosphère des souterrains des métropolitains, dans lesquels circulent et s'entassent des foules considérables est toujours impure.

Des installations convenables doivent donc être faites pour assurer le renouvellement de l'air dans ces longs boyaux et des prises d'air nombreuses, au besoin des aspirateurs et des ventilateurs mus mécaniquement devraient y être multipliés.

Mais le principal danger que fait courir à la population qui utilise ce mode de transport et surtout aux nombreux employés qui passent dans les tunnels toute leur journée de travail résulte de l'abondance et de la nature des poussières dont l'atmosphère est constamment chargée.

Il résulte en effet des constatations de M. Kling, directeur du laboratoire municipal, que ces poussières renferment une proportion énorme de particules de fer, surtout aux stations. L'action des freins sur les roues et des roues sur les rails, au moment des arrêts des trains, détermine sur ces divers organes des érosions répétées, dont le produit, la poussière métallique, augmente sans cesse et n'est jamais enlevé.

Si l'on y joint tous les détritus organiques transportés par les voyageurs, boues de rues, débris de cigarettes, cartons, crachats, etc., qui sont simplement rejetés par le balai des nettoyeurs sur le ballast de la voie, il est facile de se rendre compte des dangers que présentent ces poussières pour ceux dans les bronches desquels elles pénètrent en abondance. La présence de ce ballast est le principal obstacle qui s'oppose à l'enlèvement de ces poussières et au nettoiement rationnel des gares du métropolitain.

« Lorsque l'on voudra réellement assainir
« la voie au niveau des quais, dit le D' Du-
« guet, il faudra en renouveler complètement
« et périodiquement le ballast. Ce ne sera
« pas une mince opération, et, de guerre
« lasse, on sera conduit à le remplacer pour
« n'avoir plus qu'une surface plane, cimen-
« tée ou non, facile à nettoyer à l'aide d'un
« procédé quelconque; et si, pour des rai-
« sons techniques, la conservation du ballast
« s'impose, il faudra, pour le moins, au ni-
« veau des quais, le recouvrir d'un dallage
« facile à nettoyer également et le préser-
« vant de toute souillure; sinon, ce ballast,
« grossi chaque jour par un nouvel apport
« de détritus, deviendra inévitablement une
« sorte de « tout-à-l'égout » moins l'écoule-
« ment. Qui sait même si, à la longue, il n'en
« sera pas ainsi pour le ballast établi entre
« les stations, car ce ballast se charge lui
« aussi, plus lentement, c'est vrai, mais se
« charge à la longue des débris de toute sorte
« que les trains transportent avec eux au
« loin, dans le tourbillon aérien qu'ils sou-
« lèvent et qu'ils poussent devant eux comme
« le ferait un tampon. »

C'est là la condamnation des errements

suivie dans la construction des métropolitains. Il est bien évident que la voie ne saurait y être établie dans les mêmes conditions qu'en plein air où le ballast, lavé par les pluies, soumis à l'action de la lumière solaire, ne peut jamais devenir un foyer d'infection pour les lieux qui l'avoisinent.

Donc, au point de vue de l'hygiène urbaine, on doit remplacer, au moins le long des quais des gares, la voie ballastée actuelle, par une voie en matériaux unis, facile à laver chaque jour à grande eau, que l'on emploie de l'eau pure ou une solution désinfectante quelconque. Les eaux de lavage reçues dans un puisard ad hoc, seraient relevées mécaniquement et déversées dans l'égout le plus proche. L'idéal serait que la voie entière fut conçue et exécutée d'après les mêmes données, mais en attendant, on doit poser comme règle absolue que la salubrité minimum des métropolitains en exige l'application à toutes les gares.

Les conclusions du savant hygiéniste sont à retenir. Elles constituent le minimum des exigences que l'hygiène urbaine est en droit de formuler pour que les métropolitains souterrains n'aient pas une influence désastreuse sur la santé publique. Voici ces conclusions :

1° Il y a lieu de multiplier le plus possible les bouches d'aération.

2° Les rails en acier ordinaire, en usage dans le métropolitain, doivent être remplacés par des rails en acier durci, tout au moins au niveau et au voisinage des stations ;

3° Partout, le sabot métallique des freins sera remplacé par le sabot de corde et goudron ou quelque matière analogue présentant les mêmes avantages ;

(Ces deux dispositions ont pour objet de réduire dans une proportion énorme la partie métallique des poussières. Dans les gares où existent des rails en acier ordinaire, et où circulent des voitures munies de freins à sabots métalliques, les particules ferreuses représentent 55 % de la masse des poussières. Au contraire, dans les gares (Nord-Sud) où les rails sont en acier durci et où les trains qui y circulent sont munis de freins en corde et goudron agglomérés, la proportion de fer dans les poussières n'a été trouvée que de 8 %) ;

4° Le ballast actuel, au voisinage et au niveau des quais, sera remplacé ou recouvert par un dallage uni ;

5° Le balayage à sec des stations et de leurs dépendances doit être supprimé pour faire place au nettoyage à la sciure de bois humide, pratiqué chaque nuit, avec enlèvement consécutif de cette sciure, sans supprimer, toutefois, certains arrosages qui peuvent par places avoir leur utilité.

On voit que les questions qui, au premier abord, paraissent n'avoir que des rapports éloignés avec l'hygiène urbaine, rentrent, quand on les examine de près, dans son domaine immédiat.

Ce que nous venons de voir de la construction des métropolitains est une preuve frappante.

Les ports. Les ports qui en réalité ne sont autre chose que les gares maritimes ou fluviales, intéressent également l'hygiène urbaine.

Ils comportent, comme les gares des voies ferrées, comme les entrepôts, les mêmes conditions sanitaires d'éloignement des habitations, de revêtement du sol, d'aménagement des magasins qu'ils contiennent, d'entretien et doivent être pourvus pour l'usage du personnel qui les fréquente, des mêmes installations hygiéniques : bains-douches, vestiaires et water-closet bien installés. Quant aux bateaux eux-mêmes, en raison même de leur destination normale, ils échappent dans une certaine mesure à l'hygiène urbaine et ressortissent plutôt à l'hygiène générale du pays. Toutefois on peut leur appliquer ce que nous avons dit à la fois des wagons de chemins de fer et de la maison.

Les bateaux. Un bateau est en effet à la fois une habitation et un train de marchandises. Toutes les mesures destinées à rendre ces deux organismes de la vie civilisée inoffensifs pour la santé publique, lui sont applicables en principe. Seul le souci dominant d'assurer la sécurité de la cargaison matérielle et humaine qu'ils transportent, oblige à apporter aux dispositions hygiéniques, certaines restrictions. Mais à mesure que les procédés de construction des bateaux de mer ou d'eau douce font de nouveaux progrès, l'on se rapproche de plus en plus du bateau salubre irréprochable.

Si le bateau lui-même échappe en partie au contrôle de l'hygiène urbaine, il n'en est pas de même du voyageur et du batelier maritime ou fluvial, ainsi que des marchandises transportées par ce bateau.

Les voyageurs et les bateliers. Les voyageurs et les bateliers qui viennent de contrées lointaines peuvent apporter avec eux, sur eux-mêmes ou dans les marchandises emmagasinées dans les cales des bateaux, les germes d'épidémies graves. La fièvre jaune, le choléra, la dysenterie, la peste se transportent souvent par cette voie d'une extrémité du monde à l'autre. Les rats qui sont si nombreux dans les cales des bateaux, joignent à leur qualité de déprédateurs émérites, celle de colporteurs de la peste.

Mesures de prophylaxie applicables aux bateaux et aux bateliers. — Aussi le premier devoir des autorités sanitaires des ports est-il de veiller à ce que les bateaux venant de régions suspectes soient soigneusement désinfectés avant le débarquement de la cargaison et que les navires venant des régions où la peste sévit d'une façon endémique soient complètement dératisés.

On emploie à ce double but l'acide sulfurique et il existe de nombreux appareils, comme l'appareil Clayton, qui permettent, sans rien déranger de la cargaison, de désinfecter complètement les fonds d'un navire et d'y détruire d'une façon absolue les rats et autres parasites dont l'arrivée à terre pourrait être dangereuse pour la santé des habitants de la ville.

Une autre précaution non moins indispensable est de s'assurer qu'aucun des passagers et des membres de l'équipage n'est atteint d'une maladie transmissible. En Amérique, tout le personnel des bateaux venant d'un pays étranger est soumis obligatoirement à une visite médicale sérieuse et toute personne reconnue atteinte d'une maladie transmissible est réexpédiée à son pays d'origine, sans avoir pu débarquer sur le sol américain. Cet exemple devrait être suivi partout.

La batellerie fluviale a aussi besoin que la batellerie maritime d'une surveillance attentive. On a mainte fois constaté que des épidémies graves, variole, typhoïde, peste même se sont propagées rapidement en suivant les voies navigables, transportées par des bateliers malades qui les semaient sur leur route.

Il semble donc que les bateliers devraient être soumis à une surveillance sanitaire rigoureuse. L'obligation de justifier qu'ils ont subi, eux et leur famille, la vaccination et la revaccination jennerienne doit leur être imposée d'une façon absolue. D'un autre côté, les autorités sanitaires des villes qui comportent des ports fluviaux, devraient être tenues au courant de toutes les épidémies qui se déclarent sur le trajet des voies navigables qui desservent leur ville et prendre, sans retard, des mesures spéciales vis-à-vis des bateaux venant de régions contaminées.

CHAPITRE XIV

Prophylaxie des maladies contagieuses
Vaccination — Désinfection

Prophylaxie des maladies contagieuses. — Vaccinations. — La rage. — Désinfection. — Rats, mouches, moustiques.

Prophylaxie des maladies contagieuses. Nous venons de passer en revue les conditions dans lesquelles doivent être aménagées les diverses parties d'une ville pour que les habitants y trouvent le moyen de vivre avec le moins de dommage possible pour leur santé.

Nous avons vu que les maladies contagieuses, celles qui causent les plus grands ravages dans les populations urbaines, se transmettent par des germes microscopiques que le malade répand autour de lui par myriades et qui, en pénétrant dans l'organisme humain et en s'y développant, reproduisent la maladie.

On sait aussi aujourd'hui que certaines cultures microbiennes peuvent être transformées de telle façon qu'elles deviennent de véritables vaccins, c'est-à-dire qu'inoculées aux hommes et aux animaux, elles les mettent à l'abri de la maladie mortelle. Enfin, on a trouvé que certaines substances, que certains agents physiques étaient capables de détruire radicalement les microbes pathogènes, de là est née ce que l'on appelle la désinfection. La vaccination et la désinfection sont deux des plus importantes fonctions de l'hygiène urbaine.

Vaccination. Une maladie, entre autres, qui causait dans la population des ravages formidables et qui, dans les pays neufs, a détruit complètement des nations entières, chez les Indiens américains notamment, peut être rayée de la statistique obituaire par une vaccination renouvelée à intervalles convenables, c'est la variole.

Il appartient aux autorités sanitaires de veiller à ce que tous les habitants de la ville soient vaccinés contre la variole et revaccinés aussi souvent que les autorités scientifiques l'auront reconnu nécessaire.

Le rôle de l'autorité sanitaire de la ville est décisif en cette matière. A Paris, en 1870, pendant 5 mois de siège, la population civile et militaire a compté 18.000 décès occasionnés par la variole. La vaccination, à cette époque, était en effet à peu près inconnue. Pendant les 5 ans qui viennent de peser si durement sur notre pays, la variole à Paris n'a pas fait 50 victimes. Mais par contre, l'Administration parisienne avait, dès le début des hostilités, intensifié les opérations de vaccination antivariolique et plus de 2 millions de vaccinations et de revaccinations jennériennes ont été effectuées. Le rôle de l'Administration sanitaire en cette matière se traduit par trois actions. En premier lieu, elle doit contrôler la fabrication du vaccin et s'assurer, par une surveillance incessante, de sa pureté et de son efficacité. En second lieu, elle doit organiser des centres de vaccination aussi nombreux que possible, où la population pourra, sans dérangement et sans frais, se faire inoculer. Enfin elle doit s'assurer de l'efficacité des opérations et veiller à ce que tous les habitants de la ville, indigènes ou voyageurs, ne puissent y séjourner sans justifier qu'ils ont satisfait aux obligations vaccinales. En dehors de la vaccination antivariolique, il existe aujourd'hui des procédés de vaccination contre d'autres maladies : la typhoïde, la peste, le choléra.

Le devoir de l'autorité sanitaire urbaine est

de développer, de surveiller et de faciliter l'emploi de ces vaccins spéciaux, qui présentent certaines difficultés d'application et qui doivent être maniés avec une compétence et une prudence toute particulières.

C'est également à cette autorité qu'il appartient de surveiller la fabrication et la vente des sérums curatifs imaginés depuis quelques années pour soigner certaines maladies graves comme la diphtérie, le tétanos, la peste.

La rage. Enfin il est du ressort de l'hygiène urbaine de prendre des mesures énergiques contre la propagation de la rage. Outre les mesures d'hygiène générale auxquelles doit être soumise, dans la ville, la présence des animaux domestiques, le chien sujet à la rage, doit être tout particulièrement surveillé. La suppression des chiens errants, le port obligatoire de la muselière sont des mesures de police sanitaire que ne devrait oublier aucune administration soucieuse de la santé de ses ressortissants, ainsi que l'envoi immédiat dans les Instituts antirabiques de toutes les personnes mordues par un chien enragé ou simplement suspect.

Désinfection. Jusqu'aux dernières années du 19ᵉ siècle, les malades atteints d'affections contagieuses étaient soignés dans le seul but de les guérir, si possible de leur maladie, mais rien n'était fait pour empêcher leur entourage ou leurs voisins de contracter la maladie. Quand une maladie transmissible frappait un habitant d'une maison, on ne tardait pas à voir se former dans cette maison et dans les maisons environnantes un foyer massif d'où la maladie gagnait de proche en proche et ne tardait pas à s'étendre sur tout un quartier et même sur la ville entière.

Aujourd'hui, la science hygiénique est en possession de moyens surs de détruire les microbes dangereux, dans la chambre du malade, dans tous les objets qui ont été en contact avec lui et la diffusion des maladies contagieuses ne peut plus résulter que de la négligence coupable des parents du malade ou de l'autorité sanitaire. L'hygiène urbaine exige en effet que la ville possède tout un arsenal complet permettant de poursuivre sans retard et d'une façon méthodique la désinfection des locaux contaminés, et des objets de toute sorte ayant été en contact avec le malade.

Cet outillage comprend un matériel fixe, station de désinfection et un matériel mobile destiné à opérer sur place et à transporter à la station ou à rapporter au domicile du malade après désinfection, les objets qui ont pu être contaminés. La station de désinfection peut être, sans danger, placée en un point quelconque de l'agglomération. Si elle est bien organisée et si les services en fonctionnent convenablement, elle ne peut ni incommoder gravement le voisinage, ni faire courir aucun péril à la santé des habitants des maisons voisines. C'est une usine comme une autre, ni plus dangereuse ni plus incommode qu'une fabrique de meubles ou un atelier de fabrication en grand de vêtements.

Une station de désinfection est divisée en deux parties absolument séparées l'une de l'autre : 1° la partie infectée, ainsi nommée parce qu'on y amène tous les objets à désinfecter, matelas, linges, vêtements, voire marchandises d'une certaine valeur; 2° la partie désinfectée, dans laquelle tous les objets passent après leur désinfection et sont chargés sur des voitures ad hoc pour être ramenés aux domiciles de leurs propriétaires. Il ne doit exister aucune communication possible entre les deux parties de la station. Les agents et ouvriers ne peuvent, au cours de la journée, passer de l'une à l'autre, sans avoir pris des précautions minutieusement prévues pour qu'ils ne puissent colporter de germes nocifs.

Dans la partie infectée sont installés tous les appareils nécessaires aux opérations. Une ou plusieurs étuves à vapeur sous pression, des lessiveuses désinfecteuses, des bacs pour l'essorage du linge, une ou plusieurs chambres de sulfuration; une ou plusieurs chambres à formol; un magasin suffisant pour emmagasiner les objets en attente, des resserres pour les appareils qui reviennent des opérations faites en ville; des réfectoires, des bains-douches, des vestiaires, des bureaux pour le personnel, des remises pour les voitures, des écuries et leurs dépendances complètent l'installation.

Tous les appareils, étuves et chambres diverses sont à cheval sur les deux parties de la station. Ils possèdent, tous, deux ouvertures; l'une sur le côté infecté, qui sert à y introduire les objets contaminés; l'autre sur le côté désinfecté, par laquelle les objets sont retirés après désinfection.

La partie désinfectée comporte à peu près les mêmes aménagements que la partie infectée et la consigne y est peut-être encore plus sévère que dans la première, pour éviter toute réinfection possible des objets stérilisés.

Dans la pratique, dès qu'un cas de maladie contagieuse est signalé à l'Administration, le service de désinfection, après s'être rendu

compte sur place des conditions spéciales
du cas, dépose au logis du malade des sacs
ou des récipients autres destinés à recevoir
les linges, les vêtements, les objets de toute
nature qui ont pu être en contact avec le contagieux. Ces sacs pleins sont enlevés dans
des délais variables par des voitures spéciales, remplacés par des sacs vides et transportés à la station, côté infecté. Après être
passés par les appareils convenables, les objets sont repris du côté désinfecté, placés dans
des sacs stérilisés et rapportés au domicile
du malade et cela jusqu'à la guérison, la
mort ou le départ du contagieux. A ce moment, quand le malade est guéri, parti ou
mort, il est procédé à la désinfection du logement lui-même et de ses dépendances s'il
y a lieu. Les désinfecteurs emploient divers
procédés qui sont imposés et par la nature
de la maladie et par celle du logement, ses
dispositions, son ameublement, etc. : lavages avec des lessives et liquides désinfectants, solution de sublimé, crésyl, etc., action
de gaz ou de vapeurs bactéricides, formol,
acide sulfureux, etc. Pendant toutes ces opérations, les désinfecteurs prennent les plus
minutieuses précautions pour qu'aucun
germe ne puisse être transporté au dehors
ni par les appareils dont ils se servent, ni
par eux-mêmes. De l'exécution des consignes

précises et minutieuses qui leur sont données dépendent à la fois le succès et l'innocuité pour eux et pour le voisinage des opérations qu'ils exécutent.

Telle est l'organisation schématique l'un service urbain de désinfection qui est aujourd'hui une des nécessités les plus impérieuses de l'hygiène urbaine.

Nous n'entrerons pas dans le détail des procédés multiples qui sont aujourd'hui mis en usage dans les différents pays civilisés. Ils se résument tous en ces deux opérations essentielles : 1° désinfection systématique, pendant le cours de la maladie, des objets et linges de toute sorte qui ont été en contact avec le malade; 2° après la terminaison de la maladie, par guérison, départ ou décès du malade, désinfection totale du logement, de ses dépendances et du mobilier qui le garnit.

Rats, mouches, moustiques. Dans la lutte que doit soutenir l'hygiéniste urbain contre les ennemis de la santé des citadins, la guerre aux rats, aux mouches et aux moustiques tient une place importante.

Le rat, dont les ravages se chiffrent chaque année par millions et qui, à ce seul titre, occupe une place honorable sur la liste des animaux nuisibles, possède en outre la propriété d'être le colporteur de la peste.

Quand un navire, venant de régions où règne cette maladie, accoste dans un port, les rats qui l'habitent gagnent rapidement la terre et comme beaucoup d'entre eux sont atteints de la maladie, la communiquent rapidement à leurs congénères indigènes. Ceux-ci, à leur tour, par l'intermédiaire des puces qu'ils hébergent et qui, quoique d'une espèce distincte de la puce humaine, piquent l'homme, inoculent la terrible maladie aux êtres humains qu'elles ont piqués. C'est ainsi que se propagent les épidémies de peste. Il faut donc partout faire une guerre acharnée à ces rongeurs et dans les villes, cette guerre ne peut avoir quelque chance de succès que si elle est entreprise et poursuivie d'après un plan d'ensemble.

Recherche et destruction de tous les endroits qui peuvent leur servir de retraite, poisons variés, battues répétées dans tous les endroits où ils pullulent tels qu'égouts, abattoirs, marchés, primes par tête de rat détruit, tous les moyens doivent être employés simultanément jusqu'au moment où il est reconnu que ces animaux ont disparu de la ville.

Mais, à moins d'étendre la lutte au monde entier, il ne faut jamais s'endormir dans une sécurité trompeuse. Les rats éloignés d'une ville par la guerre qui leur est faite, reviennent dès que le danger est passé. Il faut donc toujours être sur ses gardes pour reprendre la lutte dès que l'ennemi donne de nouveau signe de vie.

Les mouches sont peut-être encore plus à craindre. Elles se nourissent surtout de matières en décomposition, de déchets organiques de toute sorte. Une mouche va chercher sa pâture sur les crachats des tuberculeux, sur les déjections des typhiques, sur les crottins de cheval, sur les linges souillés d'excrétions morbides pour avoir été en contact avec un malade contagieux.

De là, elle passe sur les aliments déposés dans les boutiques, dans les cuisines, partout où elle peut pénétrer et y abandonne les microbes virulents qui s'étaient attachés à sa trompe, à ses pattes, aux poils qui couvrent son corps. L'ingestion de ces aliments souillés de microbes virulents est un des moyens les plus fréquents de transmission des maladies contagieuses.

Il faut donc détruire les mouches et le meilleur moyen est d'empêcher leur reproduction. La mouche pond ses œufs dans les fumiers, les matières en décomposition, les fosses d'aisance. L'enlèvement rapide des fumiers et des matières fermentescibles qui, nous l'avons vu, est un de éléments nécessaires de la salubrité des villes, est aussi le meilleur moyen d'empêcher la pullulation des mouches.

Pour les fosses d'aisances, s'il en existe dans la ville, on devra veiller à ce que, au moins une fois par an, au début de la saison chaude, on y verse un mélange d'eau et de pétrole à raison d'un litre par mètre carré de surface de fosse. Si un fumier ne peut être enlevé en temps utile, il suffira pour l'empêcher de devenir un foyer de production de mouches, de saupoudrer chaque couche que l'on apporte au tas, de chaux en poudre ou de sulfate de fer en poudre.

Les moustiques eux, sont plus difficiles à atteindre. Ils pondent et se reproduisent dans les eaux stagnantes. Un siphon d'évier, de cabinet d'aisances ou de salle de bains, abandonné pendant quinze jours ou un mois, peut, si la fenêtre de la pièce est restée ouverte, devenir, dans la saison des chaleurs, un gite de ponte et d'éclosion de moustiques.

Il en est de même d'un vase plein d'eau abandonné sur un balcon, d'un chéneau en mauvais état qui présente des flaches, ou dont l'écoulement est entravé. Point n'est besoin de marécages ou même de mares. En fait, à Paris, tous les ans, on signale dans certains quartiers des invasions de moustiques qui n'ont pas d'autre origine. Or, les moustiques, du moins une espèce qui n'est pas inconnue dans les environs de Paris, a été déjà signalé dans la ville même, et se rencontre à peu près sur tous les points du territoire, l'anophèle, est le seul et nécessaire véhicule des fièvres paludéennes. Si après avoir piqué un infecté, il pique ensuite un homme sain, il communique presque infailliblement la maladie à ce dernier.

Après la guerre qui a amené sur notre sol des milliers de coloniaux la plupart paludéens, on comprend que la pullulation des moustiques constitue un grave danger.

L'Administration sanitaire ne doit donc pas se désintéresser de ces trois fléaux.

Elle doit veiller à ce que toutes les précautions soient prises pour leur destruction et obliger par des sanctions sévères les particuliers à se conformer à ses instructions à cet effet.

Nous avons vu ce que l'on peut tenter pour détruire les rats et les mouches. Pour les moustiques il suffit de faire la chasse aux eaux stagnantes qu'elle qu'en soit la quantité. Quand un particulier s'absente de son logement en été pour une période assez longue, on doit veiller à ce qu'il n'oublie pas de verser dans chacune des entrées d'eau de son logement, une cuillerée de pétrole qui s'opposera pendant toute la durée de son absence à la ponte et à l'éclosion des moustiques. On doit veiller également à ce que tous les bassins, tonneaux, réservoirs ou tout autre récipient de même ordre ne restent jamais sans entretien ni utilisation quotidienne et soient, en cas d'abandon, soigneusement vidés.

CHAPITRE XV

**Entretien général de la ville — Fumiers
Ordures ménagères — Déchets d'industrie — Balayage — Arrosage —
Cimetières**

Entretien de la ville. — Fumiers. — Ordures
ménagères. — Collecte des ordures ménagères. — Traitement des ordures ménagères. —
L'industrie du chiffonnage. — Balayage, arrosage. — Urinoirs, chalets de nécessité. — Cadavres d'animaux. — Cimetières.

Entretien
de la ville.

La ville, construite et aménagée suivant les principes
de l'hygiène moderne que
nous avons essayé de résumer dans les chapitres précédents, ne peut conserver le bénéfice de cette obéissance aux lois de l'urbanisme scientifique qu'à la condition expresse de faire l'objet d'un entretien journalier des plus assidus. Toute défaillance, en
cette matière, risquerait d'annihiler les ef-

fets de l'agencement irréprochable des différents organes de la cité.

Nous avons vu qu'un des principaux soucis de l'hygiéniste urbain est d'assurer la pureté de l'air de la cité, et par suite, qu'au premier rang de ses préoccupations, se plaçait la recherche des moyens d'éloigner rapidement de l'agglomération toutes les matières organiques, tous les résidus dont la décomposition rapide est une menace permanente pour la pureté et la salubrité de l'atmosphère. Les égouts bien construits, bien pourvus d'eau, sont un moyen automatique de conduire au loin une grande partie des déchets de la vie. Quand ces égouts et les installations qu'ils desservent sont bien établis et bien entretenus, l'entraînement des matières dont ils sont l'exutoire se fait sans peine, sans arrêt, sans presque qu'il y ait lieu de s'en préoccuper.

Il n'en est plus de même pour certains résidus de la vie organique et industrielle, que leur nature et leur volume empêchent de confier aux égouts et dont l'enlèvement et la stérilisation doivent être assurés chaque jour, sous peine de devenir pour la ville une cause de maladies et de mort. Tels sont les fumiers, les détritus des industries et enfin surtout les ordures ménagères.

Fumiers. Nous avons vu que les fumiers provenant des animaux domestiques doivent être enlevés chaque jour, ou du moins n'être conservés dans les maisons, pour une durée d'ailleurs restreinte, qu'au prix de précautions sérieuses destinées à en atténuer les dangers. Mais les fumiers ont une haute valeur agricole; ils trouvent, chez les maraîchers qui peuplent et cultivent la banlieue des villes, une utilisation intensive et, de ce chef, leur enlèvement est relativement facile à assurer d'une façon régulière. Les cultivateurs eux-mêmes procèdent à cet enlèvement et la fonction de l'hygiéniste se borne à veiller à ce que cette opération s'effectue à des heures et à des conditions qui ne puissent être une cause d'incommodité pour les habitants.

Pour la plupart des déchets d'industrie, il en est de même. Ils ont la plupart du temps une valeur sérieuse, et là encore, le rôle de l'hygiène urbaine est d'en régler l'enlèvement et le transport aux usines de traitement dans les conditions les plus parfaites d'innocuité pour les quartiers traversés.

Ordures ménagères. Il n'en est plus tout-à-fait ainsi pour les ordures ménagères. Il y a seulement une cinquantaine d'années, elles présentaient pour la culture des terres un certain intérêt et il était assez facile aux villes et même aux grandes villes de s'en débarrasser à peu de frais. Aujourd'hui, les ordures ménagères, les gadoues, ne peuvent être avantageusement utilisées par l'agriculture qu'à la condition de coûter très bon marché et par conséquent de n'entraîner que des frais de transport extrêmement faibles. D'un autre côté, la banlieue des villes refuse à peu près partout de recevoir les dépôts considérables que les entrepreneurs d'enlèvement constituaient avec ces gadoues et où, sans aucune protection pour le voisinage, elles fermentaient et se décomposaient pendant des mois pour se transformer en engrais, dégageant des odeurs insupportables et donnant naissance à des myriades de mouches, sources de désagréments de toute sorte et de dangers redoutables pour les habitants des localités qui entouraient ce dépôt.

Le transport de ces gadoues à grande distance rend trop onéreux leur emploi en agriculture et d'un autre côté, l'enlèvement journalier de ces détritus s'impose impérieusement à l'administration des villes. Il a fallu renoncer à l'utilisation, au moins systématique, de ces déchets et se résoudre à détruire tout ce qui ne pouvait pas être immédiatement utilisé.

La collecte, l'enlèvement et la destruction des ordures ménagères constituent une des préoccupations les plus sérieuses des édiles de nos villes modernes et des solutions acceptables, quoiqu'encore imparfaites ont été trouvées et sont aujourd'hui appliquées dans de nombreuses villes..

L'hygiéniste a, dans cette question, deux opérations principales à envisager : l'enlèvement des ordures, la collecte d'une part et d'autre part la neutralisation des gadoues, soit par leur transformation en matières inoffensives soit par leur destruction.

Collecte des ordures ménagères. Dans la plupart des villes et surtout des grandes villes, les propriétaires sont tenus de placer dans leurs maisons des récipients en nombre suffisant pour recevoir, au fur et à mesure de leur production, les ordures ménagères produites par les locataires. Ces récipients sont placés dans les cours ou dans un local spécial, ventilé et étanche d'où ils ne sortent qu'au moment du passage des voitures d'enlèvement. Ils sont, au moins dans la plupart des villes, déversés chaque jour dans des tombereaux, qui les transportent hors de la ville.

Aux tombereaux, difficiles à charger, on a

substitué dans certaines villes des voitures basses, construites en métal et pouvant se fermer hermétiquement.

C'est là un progrès marqué puisqu'il supprime en partie les poussières soulevées par le déversement des boîtes dans les tombereaux et la projection sur le sol des rues, tout le long du trajet des voitures, de débris de toute sorte. Ces ordures sont encore, en beaucoup d'endroits, portées ainsi dans des dépôts situés plus ou moins loin dans la banlieue des villes, dépôts qui sont aujourd'hui condamnés par tous les hygiénistes et que l'on a de plus en plus tendance à remplacer par des usines où tous ces détritus sont transformés en engrais ou détruits.

Le problème qui se pose aux administrations municipales est le suivant : 1° Enlever le plus rapidement possible les ordures ménagères des maisons, en évitant la production des poussières pendant cet enlèvement et en supprimant tout déversement de matières usées sur le trajet des voitures ; 2° Traiter ou détruire ces ordures immédiatement après leur enlèvement en supprimant tout dépôt de nature à nuire au voisinage ou à l'incommoder.

Le premier terme du problème a été résolu à Berlin d'une façon satisfaisante.

Dans cette ville, la Municipalité fournit

chaque maison de sacs en tissus spéciaux dans lesquels sont récoltées les ordures de la maison. Chaque matin, les voitures d'enlèvement prennent les sacs pleins qui sont chargés directement sur le véhicule et laissent en échange des sacs vides. La voiture va porter ses sacs pleins à l'usine de transformation ou d'incinération. Là seulement les sacs sont vidés, nettoyés et désinfectés et repartent le lendemain matin pour être échangés contre les sacs laissés la veille.

Ce système est à peu près parfait et si l'on remplace les sacs par des récipients métalliques munis de couvercles, et les voitures à chevaux par des voitures automobiles, qui permettront, dans le même temps, de faire plusieurs voyages, on aura réalisé le système le plus hygiénique d'enlèvement des ordures ménagères.

Ce système pourra, d'ailleurs, être également employé pour assurer l'enlèvement des détritus d'industries. Les nivets de boucheries, les déchets de tannerie et tous les autres détritus putrescibles devraient être conservés dans des récipients clos et enlevés sans transvasement pour être portés aux usines de traitement.

Traitement des ordures ménagères.

Pour être rendues inoffensives, les ordures ménagères peuvent être soumises à deux opérations pour lesquelles des usines spéciales sont maintenant aménagées à peu près dans toutes les villes importantes : l'incinération et la transformation en engrais. Il y a, croyons-nous, intérêt à ne pas adopter une de ces solutions seulement, mais à combiner les deux, de façon à ménager les intérêts financiers des villes, tout en respectant rigoureusement les règles de l'hygiène.

Quand, en effet, on adopte exclusivement l'incinération, on se prive d'une quantité importante de matières fertilisantes qui auraient pu être utilisées par l'agriculture. Si, au contraire, on transforme en engrais la totalité des ordures, on se met à la merci du consommateur et l'on peut se trouver à un moment donné à la tête de stocks importants d'engrais, nécessitant un espace considérable pour leur emmagasinement, et dont l'entassement dans les dépendances de l'usine peut présenter des dangers pour la santé publique.

Le système le plus rationnel est celui qui a été conçu et appliqué dans les usines que la Ville de Paris a fait construire et exploite pour se débarrasser des ordures ménagères de la grande ville.

L'idée maîtresse qui a présidé à l'organisation du système, est que l'on doit s'efforcer de conserver à l'agriculture l'engrais de valeur que représente la gadoue, tout en se mettant à l'abri d'un encombrement possible; qu'il faut assurer la production de l'engrais suivant les besoins et pouvoir faire disparaître immédiatement les ordures inutilisées.

Les usines ont donc été aménagées à la fois en vue du traitement des ordures pour les transformer en engrais, et en vue de l'incinération. Tant que les commandes permettent d'écouler chaque jour, après un traitement convenable, les gadoues apportées à l'usine, les gadoues sont traitées. Dès que les commandes baissent, tout ce qui ne doit pas être traité et enlevé dans les 24 heures est incinéré. Pour parer d'ailleurs au danger qui résulterait de circonstances arrêtant complètement les ventes d'engrais, les usines sont aménagées de manière à pouvoir, dans les vingt-quatre heures, incinérer la totalité des ordures ménagères qui y sont apportées chaque jour.

En Angleterre, en Amérique, les ordures ménagères sont divisées à la maison même en catégories bien distinctes placées chacune dans un récipient différent. Les débris de cuisine, les épluchures de légumes, les poussières, enfin tous les débris organiques sont déversés dans un récipient. Dans une autre boîte sont placés les déchets minéraux ou non combustibles : débris de verre, de poterie, casserolles hors de service, cendres, etc. Les deux natures d'ordures sont enlevées séparément. C'est là une excellente habitude qui permet de déverser directement dans les fours d'incinération les ordures combustibles sans manipulations préalables. Dans notre pays, et notamment à Paris, cette manière de faire n'a jamais pu être imposée au public. Les récipients de maisons reçoivent tous les détritus ménagers sans distinction. Il en résulte que dans les usines, les ordures ménagères ne peuvent être envoyées ni aux appareils de transformation, broyeuses, digesteurs, etc., ni aux fours d'incinération sans un triage préalable permettant d'en extraire les substances inertes, les verres, poteries, ferrailles, etc.

Les procédés de traitement des ordures sont assez nombreux. Dans certains pays, comme l'Amérique, on en extrait d'abord les graisses puis on les broie plus ou moins finement. En France, on emploie le broyage, la cuisson sous pression. Le procédé à employer est indiqué par la composition moyenne des ordures ménagères qui est loin d'être la même dans les différents pays et que l'hygiéniste devra rechercher avant d'adopter tel ou tel système de traitement.

Les fours sont également de divers systèmes. A Paris, on emploie le four Meldruin qui donne de bons résultats. La chaleur dégagée par la combustion des ordures est employée à peu près partout à produire de l'électricité dont la valeur atténue dans une certaine mesure les dépenses élevées qu'occasionnent aux villes la collecte et la destruction des ordures.

Nous ne nous étendrons pas sur les différents modes de traitement qui sortent du domaine de l'hygiène urbaine. Ce qu'il convient de retenir, c'est que l'enlèvement rapide et la disparition quotidienne des ordures ménagères sont une des conditions les plus indispensables de la salubrité des villes et que les sacrifices que s'imposent les cités colosses de nos jours pour résoudre ce problème sont amplement justifiés.

Bien entendu, les usines de traitement ou d'incinération des ordures doivent être placées dans les quartiers périphériques de la ville; leur emplacement logique est dans la région où nous avons vu que devaient être placées les usines insalubres.

L'incinération des ordures laisse des déchets assez importants. Les scories et le machefer que l'on retire des fours après chaque opération et dont le cube est relativement élevé, peuvent être employés avec avantage, soit à la confection de ballast pour les chemins de fer, soit à la fabrication de briques d'excellent usage.

L'industrie du chiffonnage. Une des conséquences hygiéniques de l'enlèvement et du traitement scientifique des ordures ménagères, est la disparition de l'industrie du chiffonnage. Actuellement encore, à Paris et dans la plupart des villes françaises, chaque matin, avant le passage des voitures d'enlèvement des ordures, des industriels spéciaux, les chiffonniers de quartier, viennent chercher dans les boîtes certaines catégories de débris qui peuvent être utilisés et que d'autres industriels, les chiffonniers en gros, centralisent dans des dépôts souvent considérables avant de les livrer aux usines chargées de les transformer. Le contenu des boîtes à ordures est répandu sur le sol des rues, brassé et remué de toute manière, soulevant des nuages de poussières et laissant à terre une quantité importante de débris putrescibles. Les produits de ces recherches, vieux os, vieux chiffons souillés, papiers maculés, ferrailles de toute sorte sont placés par l'opérateur dans des sacs et transportés à son domicile ou ils sont entassés sans aucune précaution, simplement classés par tas différents suivant leur nature. Là ils attendent que les apports journaliers successifs aient constitué un stock assez sérieux pour être transporté chez le chiffonnier en gros, et cette attente peut quelquefois durer plusieurs semaines.

Ces amas de matières éminemment altérables fermentent, se putréfient en partie, et répandent, dans tout le voisinage, des odeurs pestilentielles. Des légions de mouches s'ébattent sans cesse sur ces monceaux d'ordures et colportent dans tous les environs les germes nocifs qu'elles recueillent sur ces matières qui, comme les vieux chiffons, sont souvent souillées d'excrétions morbides.

Les maisons habitées par des chiffonniers constituent un danger permanent pour la santé publique; aucune mesure efficace ne peut être envisagée pour parer à ce danger et en fait, les quartiers dans lesquels abondent les logis occupés par des chiffonniers sont toujours le point de départ des épidémies. La disparition du chiffonnage est donc un bienfait pour la salubrité de la ville.

Quant aux matières diverses que ces industriels récoltaient et dont l'utilisation est loin d'être négligeable, elles ne seront pas perdues. Retirées de ordures par l'opération du triage à l'usine, elles seront emmagasinées avec toutes les précautions voulues pour en assurer l'innocuité, transportées hygiéniquement aux usines de traitement. Ces usines, qui font, la plupart du temps, partie de celles que nous avons classées comme insalubres, devront se trouver dans la région consacrée à ces dernières et pourront, ce qui serait la meilleure solution, former des annexes des usines de traitement ou d'incinération des gadoues.

Balayage, arrosage. L'entretien en bon état du sol des rues, des places, des jardins, de tous les espaces libres de la ville, intéresse au plus haut point la salubrité de la cité. Le sol des rues reçoit sans cesse des quantités importantes de matières de toute sorte qui doivent être enlevées aussi rapidement que possible et qui nécessitent, une ou plusieurs fois par jour, suivant l'importance de la rue, le balayage et l'envoi à l'égout du produit de ce balayage.

Mais cette opération, faite sans précaution, soulève des nuages de poussière et nous avons vu que la poussière des villes est un des plus grands ennemis de notre santé. Le balayage doit donc toujours être précédé d'un arrosage copieux des surfaces à nettoyer. Dans les grandes villes, on emploie à cet effet des balayeuses mécaniques automobiles qui déversent en avant du balai cylindrique dont elles sont munies une quantité d'eau suffisante pour empêcher les poussières d'être soulevées. Ces appareils sont excellents et l'usage pourrait en être généralisé même dans les villes de moindre importance.

Pendant les grandes chaleurs et les temps secs, on doit également prendre des mesures contre la poussière. Des arrosages fréquents sont seuls efficaces. Tous les systèmes d'arrosage sont bons, depuis l'arrosage à l'arrosoir à main jusqu'au tonneau traîné par un cheval ou mû mécaniquement. Dans les villes pourvues d'une abondante alimentation d'eau sous pression, l'arrosage à la lance est le plus pratique et le plus rapide.

On a préconisé l'arrosage des voies publiques au moyen de solutions salines diverses qui, maintenant une humidité prolongée des surfaces qui en sont mouillées, retiennent les poussières collées au sol. Sans méconnaître cette qualité, on est obligé de reconnaître que les sels employés donnent à l'eau des propriétés corrosives plus ou moins accentuées et que ce procédé présente, à ce point de vue, des inconvénients qui, en somme, doivent lui faire préférer l'arrosage à l'eau pure.

Urinoirs, Chalets de nécessité. Un élément important de la salubrité de la cité est la présence d'installations spéciales permettant aux passants de satisfaire leurs besoins naturels. Les urinoirs, les châlets de nécessité doivent se trouver en nombre suffisant pour que les causes de souillures de toute sorte que l'on remarque dans maintes rues un peu écartées des grands courants de circulation, puissent être évitées.

Tous ces édicules doivent être reliés directement à l'égout, abondamment lavés et pourvues d'occlusions siphoïdes.

Malgré les moyens de lavage automatiques dont ils seront pourvus, ils devront, au moins une fois chaque jour, être soigneusement nettoyés et désinfectés. Dans le but d'économiser l'eau, on construit aujourd'hui des urinoirs dont les parois, sur une hauteur de 1 m. 20 environ, sont badigeonnées avec des huiles lourdes de houille. Ce procédé donne de bons résultats à la condition qu'une surveillance incessante soit exercée et que l'enduit huileux dont les dalles sont garnies soit conservé toujours parfait.

Cadavres d'animaux. Une autre préoccupation de l'hygiéniste urbain est d'assurer l'enlèvement rapide et la destruction immédiate de tous les cadavres d'animaux domestiques. Cet enlèvement doit être opéré dans des voitures étanches et fermées. On ne doit plus voir ces répugnants tombereaux d'où émergent les quatre jambes raidies d'un cheval, sur le corps gonflé duquel le conducteur est assis fumant sa pipe et causant avec un camarade. Outre ce que ce spetcacle peut avoir de répugnant, une pareille manière de faire est essentiellement contraire aux règles les plus élémentaires de l'hygiène. Les cadavres d'animaux, surtout quand la mort date déjà de plusieurs jours, laissent échapper des liquides putrides qui tombent sur le sol d'où ils peuvent être en contact avec les passants, surtout les enfants. D'un autre côté le funèbre cortège est accompagné de nuées de mouches qui viennent y recueillir tous les germes souvent contagieux qui peuvent s'y trouver contenus, et vont les répandre dans tous les quartiers traversés. A tous points de vue donc une pareille pratique est condamnable et il est indispensable que le transport de ces corps soit assuré dans des voitures fermées et étanches qui en écarteront les mouches, les soustrairont à la vue des passants et empêcheront les liquides dangereux de se répandre sur le sol des rues.

Nous n'insisterons pas sur les conditions spéciales que devraient remplir les usines où ces déchets sont traités ou détruits. Ce sont des usines éminemment insalubres qui doivent être reléguées dans les quartiers réservés à ce genre d'établissements et dont l'agencement et le fonctionnement doivent être réglés et surveillés avec une vigilance inlassable.

Cimetières. Nous venons de passer en revue les règles essentielles que l'hygiène urbaine a formulées pour conserver l'existence des habitants des villes et leur éviter autant que possible les dangers qui naissent de l'agglomération d'un grand nombre d'êtres humains sur une étendue de terrain restreinte.

Nous terminerons par l'exposé des conditions que doit remplir l'ultime demeure des hommes, le cimetière, pour ne pas devenir à son tour pour les vivants une cause prématurée de maladie et de mort.

Dans nos sociétés civilisées, deux moyens sont employés pour assurer la destruction des corps humains: la crémation et l'inhumation. Dans nos pays européens, l'inhumation est la règle; la crémation est l'infime exception. Dans les cimetières, l'inhumation revêt deux modes. Dans le premier mode, le cercueil qui contient le corps est déposé dans un caveau en maçonnerie clos; dans le second, le cercueil est placé dans une fosse creusée dans le sol et les parois du cercueil seules séparent le corps du contact de la terre environnante. L'immense majorité des corps est ensevelie suivant ce second mode. Les corps ensevelis passent par toutes les phases de la décomposition avec une rapidité plus ou moins grande suivant la nature du sol dans lequel ils sont inhumés. Ce sont les sols légers, sablonneux, secs et bien drainés qui sont les plus propres à permettre la décomposition normale des corps et la plus rapide. Malgré la protection apparente du cercueil, les produits liquides ou gazeux provenant de la décomposition des cadavres, imprègnent le sol environnant, sont entraînés par les pluies et vont souiller les nappes souterraines qui existent à des profondeurs variées.

Ce ne sont pas seulement les produits de décomposition qui cheminent ainsi dans le sol des cimetières. Les microbes de certaines maladies contagieuses, telles que les spores du charbon, résistent à la décomposition et passent en nature, malgré les désinfectants employés dans les cercueils, dans le sol et dans les nappes d'eau souterraines.

En outre, sous certaines influences atmosphériques encore mal définies, les gaz de la putréfaction peuvent filtrer à travers le sol et s'échapper dans l'atmosphère. Le voisinage d'un cimetière est donc toujours à redouter. Aussi dans les villes de tout ordre, le cimetière doit être placé loin de toute agglomération d'habitants.

Il faut choisir un sol perméable, le drainer soigneusement de manière à éviter, dans la mesure du possible, les infiltrations de matières dangereuses dans les nappes souterraines et proscrire tous les puits dans le cimetière et dans un rayon qu'il n'est pas toujours facile de déterminer. Dans les études qui ont été faites pour déterminer le périmètre d'alimentation des sources qui fournissent l'eau potable à la ville de Paris, il a été fait à ce sujet des constatations troublantes. Il a été reconnu que la nappe qui alimente ces sources, aussi bien en Champagne qu'en Normandie, pouvait être souillée par des infiltrations venant de la surface en des lieux situés à 15 ou 20 kilomètres des points d'émergence de la source. On ne saurait donc trop insister sur la nécessité de drainer les cimetières de façon à détourner des nappes souterraines, les eaux d'infiltration en envoyant le produit de ce drainage dans des lieux de déversement où il restera inoffensif. Dans notre pays on défend l'usage des puits situés à moins de 100 mètres d'un cimetière. C'est une fixation purement arbitraire et qui ne repose sur aucune base certaine. Le mieux est d'essayer, quand cela est possible, de drainer et de détourner les eaux de drainage.

Tous ces inconvénients et tous ces dangers n'existent pas avec la crémation des corps. Les cadavres placés dans un cercueil léger sont calcinés complètement dans un foyer spécial dont il existe aujourd'hui des modèles très bien conçus, et le résidu de cette calcination, un peu de cendre et quelques fragments d'os, peut être enfermé dans une urne de petit volume et conservé dans un monument funèbre aussi luxueux que l'on veut, sans aucun danger possible pour qui que ce soit. Quand les préjugés qui existent contre ce mode de destruction des corps cesseront d'être tout puissants, les cimetières cesseront d'être des établissements insalubres. Ils pourront être placés n'importe où dans la ville sans être une menace pour la santé des vivants. En attendant, ce sera un des plus impérieux devoirs de l'hygiène urbaine de choisir convenablement l'emplacement des cimetières et de ne rien négliger pour les rendre sans dangers, et la première mesure à prendre sera de les éloigner de l'agglomération.

CONCLUSIONS

Comme nous le disions en commençant ce volume, le domaine de l'hygiène urbaine est immense. Nous en avons esquissé les principaux éléments, assez, nous l'espérons, pour montrer à tous l'importance de l'application stricte de ses lois.

Les applications, bien timides encore, qui en ont été faites dans les différents pays ont donné des résultats qui devraient convaincre les plus récalcitrants. La morbidité et la mortalité ont été diminuées partout, en raison directe de la rigueur d'application des lois hygiéniques. A Paris, la variole a presque complètement disparu depuis que l'on y pratique avec ténacité et persévérance la vaccination jennérienne. La distribution dans tous les logis d'eau potable, dont la pureté est soigneusement et quotidiennement contrôlée, a réduit dans des proportions énormes la mortalité par fièvre typhoïde. Alors qu'en 1877 elle était de 59 pour 100.000 habitants, elle n'était plus en 1913 que de 10 pour 100.000 habitants, et, pendant la guerre, elle s'est encore abaissée.

Enfin la disparition des logis obscurs et sans air, poursuivie avec énergie depuis 1906, a fait baisser la mortalité par tuberculose pulmonaire, entre 1908 et 1919, de 19,70 %. Ce sont là des résultats qui doivent encourager tous ceux qui veulent l'application intégrale des lois de l'hygiène urbaine. Malgré l'indifférence des uns, l'hostilité des autres, ils peuvent avoir la concience de travailler pour le bien de tous.

TABLE DES MATIÈRES

Imprimerie Rennaise, 16, rue de Penhoët, Rennes.

COLLECTION « URBANISME »

EN VENTE :

ADOLPHE DERVAUX. *L'édifice et le milieu.*

GEO B. FORD. *L'Urbanisme aux Etats-Unis.*

LÉON AUSCHER et GEORGES ROZET. *Urbanisme et tourisme.*

Premier congrès interallié d'hygiène sociale. 4 vol.

POUR PARAITRE PROCHAINEMENT:

CHARLES LESTRE. — *L'usine et l'habitation ouvrières aux Etats-Unis.*

EN PRÉPARATION :

SÉRIE A : *Théories et vues d'ensemble.*

CHARLES-BRUN. *Régionalisme et urbanisme.* — DUGUESNE. *Le village moderne.* — J. N. C. FORESTIER. *La terre vivante et les villes.* — EUGÈNE HÉNARD. *Les cités de l'avenir.* — PAUL LÉON. *Les villes et les voies de communication.* — CHARLES PLUMET. *L'architecture rationnelle.* — ROBERT DE SOUZA. *La renaissance des régions libérées.*

SÉRIE B : *Technique.*

A. BERTIN. *Matériaux et procédés de reconstruction rapide.* — RAOUL DE CLERMONT. *L'urbanisme et sa législation.* — VORIN. *Le ciment armé.*

SÉRIE C : *Pratique.*

JAUSSELY. *L'étude d'un plan de ville.* — GEORGES BISLER. *L'habitation à bon marché.*

SÉRIE D : *Hygiène.*

Dr THIERRY. *L'hygiène rurale* — Dr GEORGES ROSENTHAL. *L'école et son hygiène*

SÉRIE E : *Réalisations.*

ABERCROMBIE. *L'urbanisme en Angleterre.* — AGACHE. *Cités ouvrières de demain.* — LOUIS BONNIER. *Le grand Paris.* — PATRICK GEDDES. *Jérusalem.* — ALBERT GRENIER. *Villes antiques.* — EDOUARD HERRIOT. *Lyon, hier, aujourd'hui et demain.* — MARCEL POÊTE. *L'expression de l'histoire dans le décor des villes.* — PROST. *L'urbanisme au Maroc.* — LÉON ROSENTHAL. *Napoléon Ier urbaniste.*

HORS SÉRIE.

JAUSSSELY. *Cours d'urbanisme professé à l'École des Beaux-Arts.* — MARCEL POÊTE. *Paris au dixneuvième siècle.*

S.A. GOUDY - HELIO

IMPRIMERIE - MICROFILM

Hôtel Industriel Leroy - 4 à 8, Rue Pasteur
77983 SAINT FARGEAU PONTHIERRY

DECEMBRE 1991

TEL. : (1) 60 65 79 77   FAX : 60 65 90 27

www.ingramcontent.com/pod-product-compliance
Lightning Source LLC
LaVergne TN
LVHW021645060726
842527LV00003B/808